CUNEI
F●RM
铸刻文化

單
讀

One-way
Street

许知远 ◎ 著

十三邀

站在历史的远处

Your Actions, Your Answers

广西师范大学出版社

· 桂林 ·

站在历史的远处
ZHANZAI LISHI DE YUANCHU

责任编辑：郑伟
特约编辑：胡晓镜　王家胜
封面设计：山川制本 WORKSHOP
内文制作：Titivillus

图书在版编目(CIP)数据

站在历史的远处 / 许知远著. –– 桂林 : 广西师范
大学出版社, 2024. 11. –– (十三邀). –– ISBN 978-7
–5598–7414–6

Ⅰ. K820.7
中国国家版本馆CIP数据核字第20242W09X4号

广西师范大学出版社出版发行

　广西桂林市五里店路 9 号　邮政编码：541004
　网址：www.bbtpress.com
出版人：黄轩庄
全国新华书店经销
发行热线：010–64284815
山东临沂新华印刷物流集团有限责任公司印刷
　山东临沂高新技术产业开发区工业北路东段　邮政编码：276017
开本：787mm×985mm　1/32
印张：11.25　字数：188千字　图：63幅
2024年11月第1版　2024年11月第1次印刷
定价：56.00元

如发现印装质量问题，影响阅读，请与出版社发行部门联系调换。

自序
多重的语言

许知远

如果一直旋转，你会觉得自己飞起来了。

一种未曾体验过的畅快，甚至生出某种幸福，你能摆脱生活的引力。你随即发现，这幸福难以承受，它化作失控的晕眩。你想停下来，却失去了掌控力，你摔倒，尾骨生疼，眼镜也不见影踪。

你大口喘气，晕眩逐渐离去，神志再度清晰。幸福消退却并未离去，一种恬淡留在心间，引诱你再度体验。

在上海舞蹈学院的教室里，我体验到久违的欢愉。尽管没能对芭蕾产生深入的理解，与谭元元的相遇，却给了我一个理解自己的契机。旋转、失重的幻觉，带来一种意外的自由，笨拙让你跳跃出熟悉的范畴。

相似的感受也发生在八角笼中。我无处可逃，李景亮大声叫喊，要直面对手，越躲闪越被打，我感到，挥出的拳头越聚焦，内心就越专注。随杨扬在冰面上滑行时，连摔两跤，脚下反而感到释然。我也记得，温州老板端上猪头肉时，陈晓卿的灿烂笑容，我试着像他那样辨别，哪种滋味更加诱人；还有在韩红的工作室中，肖斯塔科维奇带来意外的放松，这是她更熟悉的方式……

忘记是在哪一刻，我意识到了《十三邀》对我的改变。言谈重要，却非唯一；思想具有多重的表达，你的表情、舌头，你起身跳跃或突然沉默，皆至关重要。空间的变化也必不可少，人人都有不同面孔，在写字楼、路边摊、废弃的工厂、深夜的海面、飘荡爵士乐的酒吧，同一个人常常迥然不同。进入他们的空间，理解他们的语言，感受他们的舒展，将他们带入陌生之境，意外的丰富常常意外到来。

相遇是一个切面，它带有过去，亦映射出未来。提问是某种雕刻行动，提问者要在纷繁的信息中塑造出某种逻辑，要试着打破受访者凝固的话语，令被忽略的旁枝蔓延而出，呈现出另一种面貌。我也感觉到，自己同样被雕刻，对方的勇敢、坚韧、迟疑、突然的浪漫，也不可避免地内化为我的一部分。

我曾是印刷文本的崇拜者，认定世界纵有千般风景，只有被写成一本书，才具有恒久价值。很长一段时间，我不认为这个节目是我的作品，它只是我对日常的逃逸，是进入另一种人生、另一个时空的通行证。逐渐地，我意识到，它不仅是我的作品，或许还是尤为重要的一个。比起深思熟虑，即兴表达更符合我的天性；相较于独自面对故纸，鲜活的现场、拍摄后的大排档夜晚，更令人欢欣。

我也日益意识到，书写是多重的，文字只是其中一种。它是有机复合的，不同的语汇交错融合；它常常前后矛盾，在某些时刻达成共识，又奔向下一个冲突。它就如你的人生，没有连贯的逻辑，被种种偶然所塑造。在这偶然中，你铸造出自己意义的扁舟。它注定一刻不停地漂荡，与无穷的他者相逢。

这也给你另一种信心。你并非独自言说，孤立行动，你是过往回响的继续，是喧哗众声的一员，也注定延续到未来。在新加坡拜会王赓武先生后，我意识到，历史是一个巨大的存储器，所有人的努力与情感皆不会消失，它们一直在那儿，等待被另一些人发现，在另一个时空再度绽放。

这套丛书收录了《十三邀》第五季至第七季的对话。回看这些对话，很难相信它们发生在 2020—2023 年之间。它们也让我相信，方寸之间依然能够创造出可能性，而行动，本身就是答案。

正是依靠一个值得信赖的团体，我这随时到来、随时消散的好奇心，才有了立足之地。它必然是一个集体的产物，所有受访者的慷慨与丰富，给予它最初的基石。作为常年的搭档，李伦仍是主要基调的设定者，制片人婵娟与苗苗、可迪团队，则带来了新的耐心、敏锐与笃定；摄影指导小山，陪我从第一季漫游到第八季，他的热忱与好奇心从未退却。导演东东与叶子，常带来意外的感受。从新力到建玺，录音师总带来一种特别的信任。振海与继冲保持了一贯的控制力，后者正面临人生的意外挑战，我无比期待他再度加入新的漫游。

倘若没有我的助手赵艺的精准与弹性，我断然无法完成这繁杂的工作，她日益成长为一个成熟的制片人，她与左左、书玉、琼楠、晓璐构成我的坚定支持。

沃尔沃与腾讯视频值得特别致意，袁小林先生与孙忠怀先生的理解力与价值判断，给节目带来持续的稳定。

比起最终呈现的节目，这个文本更为丰富厚实，更多地保留了对话自然流淌的质感。翻阅这些印在纸张上的对话时，我承认，我常感受到新的鲜活。这有赖于铸刻文化团队的努力，晓镜的理解力常常带来惊喜。左左也在文字编辑方面着力甚多。

2024 年 9 月

十三邀 Ⅱ

站在历史的远处

目录

傅高义

中国是新崛起的力量，但需要更清晰的视野

傅高义

1930 年 7 月生于美国俄亥俄州特拉华县

1958 年前往日本开展研究

1979 年出版 *Japan As Number One: Lessons for America*（《日本第一：对美国的启示》），作为西方学界最早解析日本崛起的著作，定义了之后十年"向日本学习的风向"

1980 年第一次来到中国大陆，开展实地研究

1989 年出版 *One Step Ahead in China: Guangdong under Reform*（《先行一步：改革中的广东》），成为外国学者全面研究和报道中国改革的第一本专著

2011 年出版 *Deng Xiaoping and the Transformation of China*（《邓小平时代》），《纽约时报》评论称，这是对中国改革之路"最全面的记录"

2020 年 12 月 20 日逝世于美国马萨诸塞州

他八十九岁，驼着背，精力旺盛得令人不安。他刚从波士顿飞到香港，航班上一个哭闹的孩子令他难以安歇，在酒店睡了六个小时后，开始接受一连串的采访。

2019 年 11 月，我们在沙田的一家酒店见面时，这个城市正陷入动荡。四十多年前，他在此学习中文。这一次，他为新书而来——它追溯自六世纪来的日中关系史。

傅高义曾以日本专家扬名世界，《日本第一》卖出几百万册，从新加坡的李光耀到中国的朱镕基，都是这本书的热情读者。2012 年，他将在日本的成功于中国重演了一次。《邓小平时代》让他以七十二岁高龄荣获外交界最高的学术奖，更激起两代中国精英对于邓小平的强烈感情，让人重思经济奇迹是如何发生的。他与哈佛东亚研究的传统紧密相连，他是费正清（John King Fairbank）的副手，记得后者才华横溢、骄傲、富有贵族气，就像是这个领域的"King"；也与赖肖尔（Edwin Oldfather Reischauer）熟识，后者是日本研究权威，还出任过驻日大使。

我们边吃叉烧，边谈论着对历史与世界的看法。他是如此富有亲和力，以至于让我问出了心中的疑惑：他的写作为何如此平实，缺乏那种引人入胜的思辨与灵光？——他的哈佛同事本杰明·史华兹（Benjamin I.

Schwartz）是这种风格的典范。

傅高义说起自己在小镇的成长经历，一个所有人对所有人微笑的社群。他说，他的兴趣不在于理论，而在于经验与事实，通过观察具体现象，逐渐形成某种看法。他还说自己从不是天才型的选手。我感受到他的谦和，他没有一刻让我感到压力——不管其来自年纪、名声或阅历。历经长途飞行后理应在一些时刻表现出的某种厌倦，他没有，甚至偶尔担心冷场。他的乐观也鼓励了我——面对历史潮流，不一定非要加入它，你可以创造自己的小空间，尝试自己想做的事，这些小事或许会在多年后促成新变化。

这是一次未完成的采访，我们相约哈佛再见，疫情中断了一切，他意外离去。在这个变化多端的时代中，他广泛的好奇心、理解他人的热忱、永不疲倦的坚持，都显得尤为珍贵。

人类有一个根本性的变化：
痴迷于细节，不再关注大的图景

许：十五年前我其实电话采访过您。

傅：是吗？你的记性恐怕比我好。你一直在北京？

许：对，我在北京。很多年前我就读过您的书，觉得您的整个人生历程特别传奇。来香港之前，我又重读了您的《邓小平时代》，开篇讲麦理浩去见他，也是在香港。[1]

傅：我运气很好。邓小平的女儿我认识，陈云的秘书我也认识，还有来哈佛的中国留学生、中国学者也帮助我了解情况。能用的人都用过了。（笑）

许：您身上的能量很惊人，怎么能保持这么多年呢？

傅：我认为要跟年轻人、跟能干的人接触，他们会

---

[1]《邓小平时代》导言部分开头是："1979 年 3 月，港英总督麦理浩爵士（Sir Murray Maclehose）飞往北京，就香港问题做出说明。麦理浩通晓汉语，且广受敬重。他事先只被告知将与一位高级官员见面，抵京之后才高兴地获悉，即将与他会面的是刚被任命的中国的重要领导人邓小平。"

给你能量。当然我也是没休息。现在八十九岁了，要休息一下。

许：但是我看您的行程，太紧张了，我很惊讶。

傅：没想到老人家还这么做。（笑）

许：您对外界的那种好奇心，到底是怎么来的呢？

傅：你知道，我当过两年兵，1951 年到 1953 年，那时候我在部队医院工作，是专门研究精神疾病的医院，所以我对人的心理非常有兴趣。还有就是，有一位老师告诉我，要了解自己的社会，应该了解外国的社会。他说欧洲跟美国的文化太接近了，建议我去日本。所以我拿了奖学金后就到日本待了两年，一年是学日语，一年是研究日本社会的家庭情况。我本来打算回国后教美国社会学方面的课程，但是回来以后我对研究外国更有兴趣，就开始研究日本，后来又开始研究中国。

许：当时是什么样的机会来做中国的研究呢？

傅：当时费正清和其他一些人，认为应该有人专门研究中国，他们决定培养一批年轻人。所以 1961 年，我三十一岁的时候开始转向研究中国。我们那批人本来是学社会学、经济学的，没有研究中国的，等于是现学。

许：过去的这些社会学训练，对于您研究历史有没有影响？

傅：社会学有几种做法，我个人研究的方法以两个为主：第一是交朋友，要多了解人的思想跟历程，所以要和人成为朋友；第二，我在哈佛的老师，塔尔科特·帕森斯[1]，他一直都试着理解整个社会的方方面面，不管是政治、经济、价值体系、宗教、家庭结构……他的目标是要比较系统的学习，对于社会的各个方面都要了解，这一点影响到了我。所以我也尝试着理解整个宏大的背景，然后试着找到一个可以深入研究的方向。

许：您在美国俄亥俄州小镇成长，那段经历对您的世界观有影响吗？

傅：我想我的价值观和我在一个温和的中产家庭长大有关。我生长的小镇大概有一万人，是一个卫理公会教徒聚居的西部小镇。我父亲是个犹太小商人，他的性格很好，和镇上所有人都很熟悉。我也是个好学生，老师对我很好，我和同学的关系也很好，直到现在每隔几年我们都会重聚。父母去世后，我把钱捐给了我的母校，用于本地历史研究。我的家乡带给我很深的感受，这让我很重视建立社区，建立友谊。

---

[1] Talcott Parsons（1902—1979），美国现代社会学的奠基人，他以其结构功能主义与社会行动理论而知名。早期的主要理论倾向是建构宏大的社会理论，后期开始探索较微观层面。其主要著作有《社会行动的结构》（*The Structure of Social Action*）、《社会系统》（*The Social System*）、《关于行动的一般理论》（*Toward a General Theory of Action: Theoretical Foundations for the Social Sciences*）。

在哈佛大学时我负责东亚研究的本科课程，我在学生之间建立了一个社群，希望学生们能彼此成为朋友，也希望导师可以和学生成为朋友。这个实验很成功。所以我始终认为建立一个有着坚实友谊的社群是非常重要的。

许：今年是《日本第一》这本书出版四十周年。现在回头看，在半个世纪的"亚洲故事"中，第一个是"日本奇迹"，然后是"亚洲四小龙"，接着是中国大陆的故事，您挑选的故事后来都变成意义重大的话题。这是怎么做到的，有什么秘诀吗？

傅：可能是幸运吧！

许：运气可能会帮您一次两次，但长期的成功……

傅：那我先说说日本吧。我不是一个历史学家，我的博士论文题目是关于美国的早期移民家庭以及情绪障碍儿童的。所以当我进入对日本的研究时，最初的课题是日本儿童的精神健康问题。结果有一天，我研究的一个日本家庭说，你知道吗，日本的工薪族家庭与其他家庭是很不一样的。这让我灵光乍现，我感觉这可能是某些大的议题的切口。

战后日本出现了新中产阶级，这并非只是财富上的增加，也造成了日本人家庭结构的改变。新兴大企业里的员工，他们的家庭结构和日本传统的小商人家庭如此不同。这种家庭结构的变化便成了我的新课题。一旦我有了这个大的视野，很多现实中的细节就更清晰了。这就是我第一本关于日本的书《日本新中产阶级》的由来。

我写《日本第一》的方法也很类似。从 1960 年到 1975 年，我每年都去日本，每次待的时间不是很长，但是 1975 年到 1976 年，我去了日本整整一年，当我在那里生活的时候，我意识到日本是真的在崛起。所以我的方法就是从一个有趣的现象开始，观察和思考大的图景是怎样的，真正重要的现状又是什么。这个方法有点笨拙。我的几本大书，都是这样诞生的。

许：《日本第一》非常畅销，定义了西方之后十年"向日本学习的风向"。

傅：在美国，一些公司的领导人知道日本带来的竞争是非常严峻的，就邀请我去做演讲，还让员工读我的书。像 IBM 这样的公司，就对我的书特别感兴趣。而那些研究日本的专家也会读我的书。想了解日本的人，如果他们只上一节关于日本的课，读《日本第一》也是他们的首选。不过这本书在美国卖得远不如日本多。（笑）

许：您第一次去日本时，战争才结束十多年嘛，一下飞机对东京的印象是什么？

傅：当时是 1958 年，那次去日本，实际上也是我和我的前妻第一次出国旅行，我们自然很渴望看看世界。

那个时候，你可以买一张机票，然后在很多地方停留。我们去日本的路上大概花了两个月时间，去了欧洲、以色列、巴基斯坦、缅甸，还有中国香港和台湾地区，大概去了十五个不同的地方。

我去英国的时候，街上还有很多"二战"时期轰炸遗留下的残骸，但是在日本，战争的残留很快就被清理干净了。当时的日本看起来非常贫困，几乎没有现代的街道，甚至连东京的主路也很破旧，街上都是一些老式廉价的汽车。他们的情况，可以说人能吃饱饭就比较满足了。当时的日本人工作非常刻苦，他们想把自己国家现代化的精神是有的。我记得我去访问一个日本家庭，他们一直问我美国的情况，非常想了解西方的现代化。

许：当时日本知识分子的氛围怎么样？

傅：1930 年左右，有一些人为了不与军方发生冲突，不得不隐藏自己的观点，战争过后，他们成为知识分子的领袖，对民主有强烈的渴望。其中最有名的是丸山真男 [1]，他是我很好的朋友，后来在哈佛待过一年，是一个非常有智慧的历史学家，很懂得德川时期的历史和思想。

---

[1] 丸山真男（1914—1996），被认为是第二次世界大战后日本影响力最大的政治学者。他建构了民族主义、国家主义与军国主义的关联分析框架，洞见日本法西斯的症结。其研究范式被日本学界尊称为"丸山政治学"。著有《日本政治思想史研究》《现代政治的思想与行动》《日本的思想》《忠诚与反叛——日本转型期的精神史状况》等。

许：丸山真男尝试着去探索日本历史，他认为日本造成的战争有一部分是来源于日本精神结构的问题，比如爱国主义。对此您怎么看？

傅：1930 年代，日本那种傲慢式的爱国主义的确很严重，丸山真男在 1950 年左右有此担心也很正常，但我觉得这个情况现在在日本已经很微弱了，开放的民主改变了这个问题，他们也已经没有之前的那种自信了。

许：有一个非常老套的问题，就是对比中国清朝末年的改革与明治维新，为什么中国失败了，而日本胜利了，您的观点是什么呢？

傅：我认为最主要的一点是日本当时认为自己是一个后发展起来的国家，所以需要一个完整的计划去追赶发达国家。像明治时代非常引人注目的，就是他们有一个完整的现代化体系，而且有计划地输送人员出去学习。

我认为岩仓使团 [1] 非常重要，他们找到来自不同领域最聪明的年轻人，把他们送到国外二十一个月。当他们在 1873 年回到日本时，对于教育、金融、军事等等，就已经有了一些想法，然后被赋予日本现代化的重责。

[1] 19 世纪 70 年代日本的外交使团。以右大臣外务卿岩仓具视为特命全权大使，以伊藤博文等为副使，随员包括政府各部门的主要官员共四十八人，另有五十多名留学生。岩仓使团于 1871 年 12 月从日本横滨乘船出发，历访美、英、法、比、荷、德、俄、丹麦、瑞典、意、奥、瑞士等十二国，于 1873 年 9 月回国。

像伊藤博文就是岩仓使团的副使。实际上我不喜欢明治时期伊藤博文、山县有朋[1]这些元老，他们太专制了。但我的分析是，如果一个国家太快地追求民主化进程，就无法系统建立一个现代化国家，所以我认为他们的选择很聪明，他们的一切行为都是非常有计划的。

而当时在中国，尽管中国人民很有智慧，但他们没有这样系统性的组织去研究怎样让整个国家现代化，可能是因为清朝当时作为一个超级大国和文化强国，太自信了。

许：的确，即使放在全球范围内，明治时期的领导力也令人印象深刻。您还曾经提到过日本人非常擅长收集信息，从德川时代的兰学[2]开始，他们就从全世界收集各种信息，您认为日本人这种特质是怎么形成的呢？

傅：很多人说德川幕府闭关锁国，但我不这样认为。我认为德川幕府想要了解外面的世界，但又害怕天主教会颠覆日本的基本社会结构，于是让长崎保持开放，因为他们不认为荷兰人会对他们有太多改变，德川幕府借此学习了很多西方医学和西方军事装备方面的知识。

---

[1] 山县有朋（1838—1922），日本幕府末期和明治、大正时期的军事家、政治家，曾两次担任日本首相。

[2] 18—19世纪，日本为了掌握西方科学技术，曾经努力学习荷兰文，当时他们把西方科学技术统称为兰学。

这种特质形成的原因，甚至有可能是因为在隋唐时期，日本就曾尝试追赶中国——我的意思是，他们已经尝试过怎样去追赶另外一个国家，可能有着那个时期的历史记忆。

当然我认为这也和日本是一个易于统一的岛国有关，国土面积也正好，便于规划。

许：刚刚您提到伊藤博文，如果您有机会遇见伊藤博文和李鸿章，您会问他们什么问题？

傅：我认为李鸿章也是一个非常有能力的人，他和他的淮军非常杰出。但是 1895 年之后，他很悲伤，因为他需要承担战败的责任。我觉得中国的历史对于李鸿章是很不公平的，他已经非常尽力了，为了在中国建立起现代化的组织，他已经做了很多。李鸿章知道中国需要一个更现代化的军队，需要科技化的体系，我觉得他完全知晓，所以他最后对伊藤博文说，你做的很多事情都是我想做的。不幸的是，尽管他的位置很高，但他不是那个有权力去组织的人，我们知道伊藤几乎完成了他的计划，他拥有这样的权力，但是李鸿章没有。所以我会问他，如果他是真正的管理者，他会怎么做？

许：甲午战争给中国留下了很多创伤，那种耻辱感始终萦绕在我们周围，您觉得应该怎样去解决这个问题呢？

傅：耻辱感有很多种使用方法，它可以鞭策国民努力学习，去建立一个现代化的国家。我读过 1956 年中国共产党第八次全国代表大会的内容，留下了很深的印象，很多聪明的中国官员开始思考应该怎样建设中国。1957 年之后中国经历的是一段动荡时期，但是那期间还是有很多聪明的人，1978 年之后，他们拥有着更多机会。我认为从 1978 年开始，中国的胜利是很显著的。

许：如果康有为、梁启超、孙中山他们那代人看到今天的中国，您认为他们会满意现在的状况吗？

傅：我没有很深入地研究梁启超、康有为，但我认为那是一个非常不同的时代，我想他们看到现在的状况会很惊叹，可能会像从乡下第一次到城市的孩子一样惊叹"哇哦"，但是怎样将这个曾经伟大的民族与新的现代性相结合呢？我不知道他们会不会有相应的答案。

许：有一个类似的关于日本的问题，那些引领明治维新的人，如果看到现在的日本，会是什么感觉呢？

傅：我认为他们会很难过。明治时代是一个辉煌的时代，但后来日本在参与"二战"的过程中犯了很多错误，入侵中国和美国都是很愚蠢的错误，他们自己也经过了很多年的挣扎，最终找到了新的路径。

现在日本需要对自己在世界格局中的位置有新的认识，日本必须承认中国现在是亚洲第一，而美国是一个更强大的国家，日本可能现在就处在第三或第四的位置。

许：1980 年代，日本是世界第二，现在世界第二是中国，如果请您比较一下中国和日本分别对于世界的影响，您怎么看呢？

傅：我觉得中国对于世界的影响维度更广一些，因为中国对于非洲的现代化起了很大的作用，日本就没有怎么致力于这方面。

在我完成《日本第一》之后，我花了六个月到全世界旅行，想要看看日本对于世界的影响，我本来打算写一本关于这个主题的书。当时我去了非洲、南美、东南亚、俄罗斯，但我后来没有写成，一方面是我一直忙于其他事情，另一方面是因为日本确实没有对世界其他地方产生那么大的影响力。当然日本在某些方面还是有一些有限的影响力，比如说在秘鲁，我与一个当地人交流，他最早是做日本摩托车经销商的，他很惊讶于日本人的理性和勤奋工作，还有他们在质量管理方面的成就，所以他学习日本的经验。在中国也是，1980 年代我去广东参观了一些工厂，它们都有着日本的工厂管理风格。所以在质量把控、工厂建造方面，日本的确对世界带来了很大影响。但是我认为中国的"一带一路"有潜力给世界带来更大的影响。

许：中国也从来没有试图挑战整个国际秩序，中国影响世界的方式是很不一样的。

傅：日本其实也没有尝试挑战国际秩序，日本是愿意接受美国作为引导方向的。1930 年代日本并没有计划占领全世界，他们传授爱国主义太成功了，以至于后来无法控制局面，就是因为那样强烈的爱国主义情绪，导致他们犯了不少严重的错误。中国现在有潜力去向外界表达自己制定规则的意愿，但是我觉得还需要一个清晰的视野方向，需要清晰的想法去运用现有的资源去说服其他国家……说明还不够有自信。

许：在之前半个世纪的历史故事中，第一件事是日本的崛起，再接着是中国的故事，您认为下一个故事会是什么？

傅：让我想一想……如果我现在只有五十岁，而且我想选择一个新的研究话题，我会选择去研究中国是怎样应对东南亚、印度以及非洲。印度也是非常有趣的话题，在过去的几十年中，印度的崛起可能不如中国那么重要，但它同样也是一个正在崛起的国家。它和中国的体量是相似的，但又有着非常不同的发展，所以我认为这会是一个非常有意思的话题。可能另外一个有意思的话题是，美国会怎样适应新的世界格局，怎样向亚洲学习，怎样与中国共处。

许：我很好奇，您如此坚持介入那些"大"的事情，驱动力到底是什么呢？

傅：这么说吧，我并不满意过去一段时间美国政治学和社会学领域的发展趋向。大概是过去的二三十年间，这两门学科有过分科学化的倾向，过度使用定量研究的方式，比如找到 5000 个相关联的样本做研究，但从我的观点来看，这样做根本不够，会忽视研究对象的现实语境、社会背景，以及他们拥有的历史记忆。我更喜欢那种研究方式，去真正了解你的研究对象，去了解历史背景，以及思考更大的语境，这种方式确实不太时兴了。

还有一种情况是，现在的大学关注各种议题，女性议题、种族议题，以及其他性别议题。所以大学的院长们，不仅仅是为学术服务，精力已经被社会议题大大占据。这些议题当然很重要，但是从提升学术活力的角度来说，学者们的时间已经不太够用了。

其实我看到的问题比这还大。

我的意思是，现在整个世界都面临着一些严苛的智识考验。像阿诺德·约瑟夫·汤因比，他以宏大的全局思想观念著名，还有一些早期的思想家，他们的思考也很宏观，而我觉得现在的人们大多都缺乏远见。比如说，我在 1950 年代认识的一些日本官员，会思考怎样建设一个现代化的日本，而现在的日本官员们变得更小气了，只聚焦于一些眼前的小问题。

可以这么说，我感觉在全球范围内，人类有一个根本性的变化：痴迷于细节，不再关注大的图景。无数才华横溢的人，丢掉了他们对于文明的信心。

这两个国家有那么多了不起的好人，理应有更好的关系

许：让我们再次回到您的著作。1979 年，写完《日本第一》，您一下子举世闻名，名声对您意味着什么呢？

傅：其实感觉还不错，因为出名，我得以见到各种人，不过我成名的时候都四十九岁了，名气已经不太能改变我。

许：您有没有想过，要是二十九岁就成名该多好？

傅：没没没。好在没发生这样的事，要不然我可能就不是我了。但是呢，成名之后，我也不觉得自己像个名人，因为我这辈子真正需要的东西都跟名气没什么关系。我没什么特殊天赋。我觉得我最大的优势，就是真实地生活在日常中，这还是我在日本的时候发现的。

跟日本人交谈的时候，他们会觉得我亲切而自然，因为我用的不是课堂学来的日语，而是从日常生活里学的。我的中文也是这样，我总是用最日常的方式聊天，

不是什么精美的话，甚至有不少语病，但这有助于沟通，还有人情味，而且对我的学术也有很大益处。

我想说的是，我的改变其实也挺有趣的。你知道当时在哈佛，我们年轻学者经常聚在一个餐厅，争论的惯用语句往往是"这不过是一种看法，你看还有另一种看法"。我们很喜欢观念冲撞这样的智力游戏，但是我觉得，真正去了解人、跟人们交谈，比这更重要。

许：在您的著作里，较少呈现学术思辨的那一面，总是很直接的表达，重心都放在陈述事实上。

傅：对，学术思辨对我来说并没那么重要。我出生在一个小镇，高中时代的朋友中，没几个上过大学的。我写的时候就想着怎么才能让这帮伙计看明白，我永远试着去讲故事，因为在美国，大多数人其实都不大愿意去理解他人的观点。

许：您总是说希望带着善意去和所有人交朋友，有时难以避免会缺少批判性，这会成为一个问题吗？

傅：有时候我可能会低估一些人的恶意。这的确是可能的。也许，对于邪恶，我确实没有做出应有的阐述。

许：您总是选择美好的那一面。

傅：这么说吧，我的基本方法是尽量尝试去理解人们所有的行为，尽可能广泛地对他人保持同理心，哪怕他们持有和我不同的观点。当然也有例外，譬如特朗普。

对于特朗普，我实在无法保持同理心。（笑）

许：现在回头再看，您认为您写的书里有什么失误吗？或者说，会有某些地方令您感到遗憾吗？

傅：我可能在一些很小的事实上犯了错，但我没有看到我的书里有什么大的失误——我不是一名历史学家，所以没有意识到我有没有犯一些关键错误。

不过在人们给我的一些反馈中，我也没有发现大家对其中的一些事实产生质疑。在描绘大的图景方面，我也没有收到任何其他知识分子的批判。有一些专业的学者，比如王赓武——在我看来，王赓武是世界上最好的中文历史学家，他很喜欢我的书。我的朋友傅佛果[1]也很喜欢我的书。傅佛果花了五十年的时间阅读日本各种有关中国的文献记载，我是做不到的，对于细节的理解我是没有办法和他相比的。他认为我的基本事实是无误的。至少目前来说，我对写作的这几本书没有任何遗憾。

许：作为东亚研究领域的领军人物，如果把您自己或者您这一代人与老一辈的费正清他们相比，您认为你们之间最大的区别是什么呢？

---

[1] Joshua A. Fogel（1950— ），加拿大多伦多约克大学历史学教授，专注于研究现代中国历史以及中日两国文化与政治关系。曾以《内藤湖南》获美国亚洲学会"现代中日关系研究奖"，以《中江丑吉在中国》获日本每日新闻"亚洲太平洋奖"。

傅：我和费正清是完全不同的。我曾经做过五年他的副手，所以我太了解他了。在我看来，他很傲慢，也很自信，他是一个领导者，是这一领域的杰出建设者。我的一个朋友说过，在哈佛所有领域，可能没有人比他更适合建造一个完整的体系。因此他需要来自不同学科的人，而且他要挑选最优秀的人。如果他去拜访一个国家，他会去认识那儿研究中国的教授，然后问，谁是你最好的学生？他会努力让最优秀的学生来哈佛一两年，给他们最大的支持。

他还会让学生写一篇硕士论文，如果他们写的论文非常棒，他会邀请他们加入他的博士项目，如果他们不能写出好的论文，那就再见。所以我认为我和费正清最大的区别便是，他是一个精英主义者，他想要训练最优秀的人，他在那个时期是太阳一样的存在。你知道，他的中间名是国王的意思，John King Fairbanks，我们叫他中国研究的东海岸之王——还有一个人，乔治·泰勒[1]，他在西雅图，叫西海岸之王。而我只是一个普通

[1] George Edward Taylor（1905—2000），中文名戴德华，著有 *The Struggle for North China*。1930—1932 年，获哈佛燕京学社奖学金到北平学习。1933—1936 年，任南京中央政治学院国际关系教授，后任教于北平燕京大学。1939 年，成为西雅图华盛顿大学东方研究系主任。1942 年，离职成为美国战争信息办公室副主任，负责太平洋行动，其间招募了一批学者研究日本文化，其中包括鲁思·本尼迪克特的《菊与刀》。

的人，就像中文里面说的"老百姓的朋友"那样。

有一次我在文章中写到，我更像一个帝国缔造者的继任者，而这个帝国的缔造者有着更宏大的目标，那就是去征服。

许：作为一个继任者，会不会有一些阴影和焦虑？

傅：可能年轻的时候还是会感受到一点落差。那个时候，费正清在整个世界范围内都非常有名，而我还是一个籍籍无名的小人物，如果他去访问其他大学，大家都认识他，几乎没有人认识我。而且他比我大23岁，当时，与一个帝国的创立者相比，我只是一个年轻的小朋友。刚刚我之所以用"傲慢"这个词，因为对于那些平凡的人来说，他很骄傲。而我也只是一个平凡普通的人。但是我非常信任他的能力，关于文化研究领域，我和他有非常相似的观点。

许：那个时期，在美国的学术界里，整个东亚研究是比较边缘的，它后来是如何发展起来的呢？

傅：1950年代初，麦卡锡时期之后，现代中国研究被淹没得很厉害，费正清想让中国研究的学者进入学校最主流的体系，进入那些历史系、政治系、经济系、社会系和考古系，因为他认为研究中国会成为主流。在当时所有人都觉得学习东亚的语言是过时的情况下，这是非常厉害的想法，而且他获得了很大的成功。那个时期，我在社会学、经济学还有法学院都待过，我们几乎介入了学校的每一个领域。

许：您曾说您之所以研究其他国家，是因为您希望用他国的经验去启示美国。在过去的五十年中，您在中国和日本都进行了深度探索，那么您认为您给美国带来了什么样的启示呢？

傅：现实情况是，他们并不太听我的。我认为，应该借鉴后发国家的经验，让国家权力在引领整体发展的过程中起到更主导的作用。比如说，在美国，在好的社区，我们往往有好的学校，而在不好的社区，校园师资都不尽如人意。如果我们有一个主管教育的国家级行政部门，就可以开展一些全国性项目，分配国家专项资金去帮助那些落后的学校，这样就会形成相对平等的教育系统。如果我真的拥有权力的话，我一定会借鉴中国和日本的经验，让美国政府承担更积极的角色。但这在美国是无法实现的。我们不是后发国家，人们已经变得非常傲慢。

"二战"过后美国国力达到顶峰，我们的工业已经扩散到全球了，但中国现在在某些方面已经超过美国了。同时借助"一带一路"，中国会向非洲、拉丁美洲进行更多投资，但是美国还没有找到自己的新路径。我觉得我们的领导人还不够有远见，也没有适应中国是一个更大的经济体的现状，由于冷战思维，我们不会允许另一个国家赶超我们。在华盛顿有很多人只是想攻击中国，但我觉得我们应该对中国有更积极的态度。我当然知道对于中国正在发生的一些事，美国会有不满，但是我们不得不现实一点。毕竟中国终将强大，而且有那么多朋友，我们可以合作。

同样，中国也面临一些问题。中国是新崛起的力量，但中国也还没有清晰的视野去适应拥有这样的权力。我认为中国还需要进行很多调整，我们不能太骄傲，我们有潜力去对世界造成更大的影响。

当然也有中国人意识到，为了更好地和其他国家相处，我们不能显示出过分的骄傲，这是一个更好的方式。但我的感受是，文字上这样的表述不少见，但还没有更系统化的实际行动，还没有制订一个系统的规划，对整个世界各个领域进行学习，包括地理、风俗习惯、价值体系、宗教信仰、家庭结构，以及如何游说他国，如何能对其他国家的国民性格有更深的理解。就比如，对美国来说，来自别国的自我宣传，对美国人不会有什么作用，长期来看，这不会是个好主意。总之，在飞速成长中，中国还没有形成一个更成熟的视野。

在我看来，人类的文明，不应仅仅关注于商业利益、经济发展，或者技术的创新突破，文明应该是更广博的概念。某种程度上，文明应该是一种智识上发展的眼光，需努力认清现实，又有更大的视野。

许：中美之间，曾经有过一个黄金时期，但如今我们之间存在众多复杂的情结，而且现在的人们似乎根本无意去理解别的文明中不同的行为方式以及精神世界。我们都非常以自我为中心。我想知道关系的改善会怎样开始呢？

傅：我不知道答案。的确，每个国家都会有形形色色的人，尤其是大国，不管是那些极端的右翼，还是极端的左派，他们都是一些对文明缺乏信心也毫无远见的人。所以，如何找到改善关系的新路径，我担心在短时间内，恐怕是很困难的。而且在过去的二十年里，这个世界变了，冲突不断，在各种纷争里，人们渐行渐远。那么如今构建良好关系的基础，又在哪里呢？我真的不知道答案。

许：我很想知道您努力的方向是什么呢？我是说具体的方向。

傅：可能我不是很谦虚，可能也不会很正确，但我觉得我得做出些贡献。这也可能和“二战”有关。我有一些朋友当时去参了军，我认识的人中就有死于战争的。所以我这一代在“二战”中成长的人，是真的希望世界能够和平。加上我后来能拥有那样的机会，见证那么多历史性的变化，这也让我必须承担更大的责任。我真的希望中美两国关系有所好转。这两个国家有那么多了不起的好人，理应有一个更好的关系。

有些具体的事，我还是能去做。我现在很努力地去对中美关系提出更有建设性的意见，我觉得我们这群在哈佛大学研究这个事情的学者有这样的影响力。

我们这一代有很多人都对公众知识领域比较感兴趣，所以大概在十五年前，我们开展了一个项目叫Public Intellectuals，我是这个团体的高级顾问。

每三年我们会在美国选择二十个中国研究领域的年轻学者，把他们带到华盛顿，让他们见不同的人，也把他们带到北京，见不同的人，这样做是为了鼓励人们多了解中国。现在这个项目已经是第六届了。前天晚上，我与其中三个参与过这个项目的人吃了晚餐，他们一个是香港科技大学的校长，一个是香港中文大学校园服务中心的负责人，还有一个是香港中文大学的教授。

在研究日本方面，我们有同样的团队，专门为日本的年轻学者建立项目。

许：这让我想起传教士精神。

傅：在这个世界上，那些真正出类拔萃的人才，有的时候永远都等不来机会。你知道，这令人伤感。但更多时候，机会只是晚一些来，但终将会来。我在广东的时候认识一个人，叫杨迈。他是燕京大学的一名学生，1940 年代毕业，学的是自由市场经济学。1949 年，他意识到自己学的这些恐怕根本派不上用场，于是转而成为一名工程师，也就是说，从 1949 年开始到 1980 年代早期，他都处于埋没的状态。但到了 80 年代末的广东，他突然变得作用非凡。每当他去到地方上的某一个县，县里的人都会来问他，我们这儿该如何兴办企业。就这样，他发挥了非常建设性的作用。他是我在广东很好的朋友，我从他那里学到了很多。

所以每当听到有人说与他者努力交流是白费力气，我都会反驳说，这是一派胡言，历史尚未终结。那些对文明见解深刻的人，也许现在不得不谨慎行事，但说不定，十年以后他们又将在整个世界的发展中承担十分重要的角色。而当下，他们应该被组织起来，被赋予更多机会，来产生伟大的想法。

我不会放弃努力。

附：艾秀慈 [1] 采访

我和傅高义都真心希望，
人们可以互相听取心声

许：夏洛特，您好！

艾：很高兴与你见面！

许：一年半以前，我在香港见到傅高义先生，我们还约定要在波士顿再见一面，没想到……请节哀顺变！

艾：谢谢！

许：我刚刚读了您的《财神归来》。

艾：天哪！非常感谢你的捧场。这本书有点过时了。

许：还是挺有意思的，让我了解了一些 1980 年代广州发生的事情。您在广州待过，那您会说广东话吗？

艾：我经常把广东话和普通话混合起来讲。这在广东很管用，但其他地方别人可能听不懂。

[1] 艾秀慈（Charlotte Ikels），傅高义第二任妻子，美国凯斯西储大学荣休教授，著有 *The Return of the God of Wealth*（1996，《财神归来》），研究的是中国从计划经济向市场经济的转型对广州人的影响。

许：您第一次见到傅高义先生是在香港，当时是什么样的情形呢？

艾：我们第一次相遇是在 1973 年。那时我是夏威夷大学的研究生，在香港度过我的第一个暑假，我想知道那儿是否适合我做人类学课题。当时香港中文大学服务中心有一个带漂亮院子的老房子，那年夏天，他们在那儿举行了一个招待会。当天我去了新界旅行，参观一个敬老院，然后立马汗流浃背地去参加了那个招待会。傅高义也在那里，我们开始聊天，不过我太累了，而且那时我根本不知道他是谁。在聊天的过程中，我才渐渐意识到，天啊，我刚读完他的书《共产主义下的广州》。我们就是这样认识的。

有一天，他在公告栏上贴了一张纸条，说很乐意与任何有兴趣的研究生一起讨论一些研究项目。我报名了，和他说我想为香港的老年人做些事情。中国人非常尊敬老人，这一点在香港表现得很明显。他说，这个话题很有趣，但如果你决定这么做了，你就得学广东话。

我想他是很尊重我的想法的，否则他就会直接说：不要这样做。那时在大学服务中心还有一些其他学者，不全是来自美国，有来自日本的，有来自欧洲的。但他是我在那里遇到的唯一一个如此开放的资深学者，乐于与任何人交谈。

许：我记得 1979 年，你们到了广州，而且住在中山大学。

艾：是的，那是哈佛校友之旅的一部分，也正好成了我们的蜜月旅行，我们刚在一个月前结婚。傅高义觉得，到中国度蜜月是个令人兴奋的主意。但是整个过程其实没那么让人放松。当时的时局很紧张，又碰巧是冬天，天空总是灰的。我们只在广州待了两天左右，然后去了杭州、上海和北京。不管在哪里，我们都感觉到了当地人遇到我们这些外国人时的紧张。我是说，我们是美国人，而当时中美正式建交不久。我猜人们不太确定该向我们表现出多大的友好。

许：你们都在广东做研究，研究方式有什么不同呢？

艾：我们有不同的目标，他是一个社会学者，虽然他有相当好的人类学背景。但他对宏观层面非常感兴趣，比如一些重大变化是如何发生的，政策是如何制定的，不同的社会机构是如何相互作用的，诸如此类。我是一个人类学者，和所有的人类学者一样，我主要是做田野调查，我的主要数据来源于街上的普通人。

但我们会交流收集到的信息。比如晚上他会说，哇，我采访了某某副省长或某某局长，他会谈论政策计划是如何影响人们的生活的。我会说，我采访了三个家庭，他们最担心的是家里有人下岗、孩子的工作，等等。我们从来没有一起写过什么，我们只是一起交流过。

许：为什么呢？是因为有冲突吗？

艾：在他的第一次婚姻中，他和妻子一起做了很多研究，但进入写作时却没有合作成功，他们无法达成共识。我认为这确实影响了他们的关系，不仅仅体现在写作上。所以，从一开始，我就说我们不要一起写作，他也从来没有提议过。实际上我们是为不同的受众写作。

许：我很好奇傅高义先生在私下是什么样子？

艾：举一个例子吧。我记得当时我们外出约会，开车回来的途中，他突然说，我要娶你。我说，你不问问我的意见吗？（笑）他认为我肯定会嫁给他。

许：一个非常直截了当的人。（笑）

艾：他会在很久以后说，事实证明，你会嫁给我的。

许：上次我和他见面时，他说到了他的家乡俄亥俄州的小城镇，他受那段年月的影响很深。

艾：他爱他的家乡，他认为那是一个长大成人的好地方。那是一个小镇，只有一所高中，所以镇上每个人都上同一所高中。就在两年前，他还参加了高中同学聚会。他对高中和大学同学的感情都很深。事实上，他高中辩论老师的一个孙子现在还住在我们家。

许：是吗？！傅高义先生能和这么多朋友保持如此好的关系，真是太神奇了。

艾：他是一个非常积极乐观的人。并不是说他不了解现实，他了解，但他非常积极乐观，他经常鼓励人们。在他绝大部分的照片中，他都是在微笑着。

我记得有一次我去他的办公室找他，快到的时候，看见他从另一个办公室跑出来，我想天哪！他太想见我了！然后他露出了标志性的笑容。但是后来我意识到他对每个人都这样，我并不是特例。（笑）

我想部分原因可能是他是一个商人的儿子。他的父亲开了一家店，傅高义曾在店里帮忙，他对每一个进入商店的人都表示欢迎和问候。

许：他父亲是波兰人？

艾：是的，波兰犹太人。

许：他对傅高义先生影响很大。

艾：是的，傅高义常对我说"我父亲在社区里很受人爱戴"之类的话，我以为这只是一个儿子对父亲的崇拜，并没有太当真。后来我和傅高义去了特拉华，当时傅高义已经是《日本第一》的作者了，但我们每去一个地方，他们都会说："哦，傅高义，你回来了，你父亲真的是个伟大的人。"那时他的父亲已经去世了，但人们依然说，"嘿，过来看看乔的儿子"。他的父亲也是一个非常慷慨的人，常常捐赠衣物给镇上的孤儿院，所以真的很受爱戴。

许：从写作中，傅高义先生是不是也获得了非常积极的心态？

艾：他在写作中并非那么快乐。他是个工作狂，每天晚上都会疯狂地记笔记，就像在实地采访一样。从妻子和孩子的角度来看，他可能勤勉得过头了。傅高义去世后不久，我和他的三个孩子视频通话，那时候大家都在说傅高义对他们有多重要——我指的是学者们，他以前的学生，还有他的同事，甚至是刚刚认识他的人——我问孩子们，当你们听到这些人赞美你们的父亲时，你们有什么感觉？我甚至没有给他们回答的机会。我说让我告诉你们我的感受，我觉得很恼火。他们大笑起来，因为他们的感觉和我完全一样。有时候我们甚至会埋怨，为什么他把本该属于我们的时间都给了别人。

许：他在生活中还有什么让您抱怨的地方吗？

艾：哦！当双方都有全职工作的时候，你怎么分配家务？你可以想象，我做了更多。我们结婚六年后，我在克利夫兰（Cleveland）工作，当我不在的时候，他把房子弄得一团糟，但他不想让我回家后看到一团糟，所以，他雇了清洁工。不是他扫卫生，而是他雇了清洁工。这个人我们已经雇佣了三十五年了。

许：至少他会想办法。（笑）

艾：他确实想了办法，我们达成了一个协议，他可以把哪些房间弄得乱七八糟，哪些不行。不过渐渐他就对起居室下手了，就像他对客厅下手一样，客厅里留下了一大堆书。现在我正在一张咖啡桌前和你说话，我们从来没有在这个房间里放过咖啡桌，因为他会把书堆得到处都是，所以他去世后我做的第一件事——这听起来可能很可怕——就是我预定了一张咖啡桌放在这里。（笑）

许：我可以看看他工作的地方吗？

艾：他通常在地下室工作。稍等一下，我开下灯……这就是他工作的地方。这些书只是一部分，还有许多在地下室的那一边，正如你看到的，真是没什么空间了。这是他写作用的电脑，他生前正在写一篇论文，本来这篇文章将会出现在哈佛大学为新一届美国政府提供的政策规划中，也就是给拜登团队的——当然，也可能是为另一个家伙准备的。为此他最近还在努力地学习中文，因为他确实认为自己有责任，而在 12 月 19 日那天，他本来还有约好的线上中文课，但他在第二天，12 月 20 日去世了。他的中文老师还打来电话问他为什么没能上课，她根本没想到傅高义去世了。

其实这里本该是很舒服的，我觉得最好的状态就是坐在这里望出去，看看这些植物，看看那片风景。但他没有充分利用这些景色，他通常都是把它们关起来，工作工作工作。

许：我和他在香港谈论了他的著作和思想，他看起来总是那么精力充沛。在您看来，是什么促使他做了这么多事情？

艾：从小他就是挺努力的人，三年读完了高中（美国高中一般四年），本科也只用了三年，拿到研究生文凭时，他不过二十出头。其实他不必太过逼自己，他那时已经是一名不错的学者，哪怕放松一点，也能过上不错的生活。

我认为，有件事真正地让他开始全速运转。那是他第一次从日本回国，哥伦比亚大学向他发出工作邀请[1]，所以他和他的前妻决定卖掉房子，搬家到纽约。为了处理卖房的事情，他回了趟哈佛，顺道拜访了自己以前的一位教授，约翰·裴泽[2]。当时美国刚刚经历了"麦卡锡"时期的"清洗"，也许"清洗"这个词太过了，但至少也是对老一辈研究中国的学者进行无端猜忌，因为他们可能的"共产主义倾向"。这股风潮一过，学界决定重新培养一批新的年轻学者来研究中国，于是裴泽

---

[1] 此处与通行的传记资料有所出入：从日本回国后，傅高义于1960—1961年在耶鲁大学短暂担任过助理教授，之后回到哈佛大学从事中国语言和历史的博士后工作。

[2] John Campbell Pelzel（1914—1999），美国人类学家，"二战"后曾就职于驻日盟军最高司令部，是日本书写系统罗马化的支持者。1950—1979年间在哈佛任教。

教授问傅高义，你想研究中国吗？

傅高义当时从未上过任何关于中国的课程，一句中文不会说。虽然他会日文，而许多美国人认为日文和中文挺相像，但你知道，两者有多大的差别。于是，傅高义当时只是回答说，他也许会有兴趣。结果裴泽立马拿起电话打给费正清，告诉他，有个叫傅高义的，可能对研究中国有兴趣。这一切都发生在仅仅一个周末。费正清马上赶了过来。面谈之后，他认为傅高义是合适的人选。这时，傅高义不得不解释说，实际上，他必须在这个周末之前告诉哥伦比亚大学，是否接受他们的工作邀请。费正清立刻说，你现在已经被哈佛聘用了。

我认为，正是从那一刻开始，他真正感到自己身负重任。他必须疯狂地工作，来证明费正清对自己的任用是正确的。能有机会亲身参与历史的转变，他感到幸运，但也会惶恐不安，突然而来的这份三年聘约一到期，他就得担起"中国问题专家"的名头。我觉得他会有一种渴望，要持续不断去证明自己，证明自己值得这份信任。

许：所以他生活很紧张吧？

艾：非常紧张。但他也很享受他的成果能够产生一些积极的影响。

许：在您看来，傅高义先生最大的遗产是什么？

艾：我想是他尊重他人立场的意愿。了解人们来自何方，包括自己。不管是国内还是国外，共同努力克服分歧，学会去接受所有的异议，人们不必以同样的方式看待每件事。

许：我觉得他把自我放得很低，不像我们很多人都受困于自己的身份问题。

艾：傅高义从来不是那种会在意自己名人身份的人，但他也开始意识到他拥有很多其他学者没有的途径，而他也确实想利用这一点，造福于所有人，不仅仅是为了美国的利益，更是为了推进中美两国之间的关系。

他喜欢交流，与那些经历背景不同的人交流一定会有启发的。我觉得在当下抱持这种态度，在我所在的这个国家，尤其重要。现在的美国，人们是如此分裂，很难对任何事达成一致。傅高义写了《中国与日本：面对历史》（*China and Japan: Facing History*），也该有人写本《左右分裂的美国：面对历史》。也许我就会写，谁知道呢？我要写的是，人们的思想是多么的僵化封闭，而且更可悲的是，僵化不仅发生在相对阵营之间，也发生在原本有共同理念的人群中。人们不愿意哪怕只是谈谈。

当初特朗普赢得大选的时候，我非常惊讶，但我立马找遍了所有描述对方阵营的经历或想法的书，这有助于我理解为什么特朗普会当选。之后我试着和一个好朋友聊天，我说我正在读这些书，试图去理解对方，结果她惊异地看着我说，你为什么想理解他们，那不就是一帮种族主义者？交流就此结束。

这还是一个非常有智慧的人。我通常都很尊重她的观点，她现在也还是我的好友。但是，仅仅是尝试去理解对方，这种愿望已经让她惊异。人们完全自我封闭了，我们不该如此。在同一个国家里不该如此，在中美之间也不该如此。人们需要去理解为什么会有分歧，怎样才能找到一个中间立场。我是说，我和傅高义都真心希望，人们可以互相听取心声，尊重对方的意见，或者至少尝试理解对方。

许：您和他会经常讨论这些问题吗？

艾：我不会说太多。常见的场景是这样，我们对坐在桌子旁，我看《波士顿环球报》，他看《纽约时报》——现在我得一个人读《纽约时报》了——时不时会聊两句。你看到这个报道了吗？或者是特朗普又做这个那个啦。是的，如果有可怕的事发生，我们会聊一聊。我其实很庆幸他去世了。这话听起来很蠢，但我的确很庆幸他不必看到 1 月 6 日发生的事 [1]。那会伤透他的心。

许：你们有谈论到过死亡吗？

---

[1] 指的是 2021 年 1 月 6 日，时任美国总统特朗普的支持者暴力冲击美国国会大厦，扰乱正在进行计票以及认证 2020 年美国总统选举结果以宣告拜登正式获胜的国会联席会议。

艾：没有。从手术之后来看，他情况还好，第二天还能正常地到处走走。因为疫情，我不能去医院。但他说他能够四处走动。直到星期四，他还在处理各种各样的事情，他还准备参加一个会议，和国务卿一起。我问他，你确定要这么做吗？你现在在医院的病床上，你知道吗？于是他取消了这次会议。就在第二天，他进了重症监护室，所以我想他不知道自己有这么严重。

只有一次，我记得我们沿着查尔斯河跑步——尼克松当时好像中风，然后很快就去世了——他对我说，"人生就是这样"。

许：你们在一起的日子，您最深的回忆是什么呢？

艾：一起骑车。我们经常骑车去列克星敦中心，在邓肯甜甜圈店前面我们会停下来，吃个甜甜圈，喝喝咖啡，然后骑着自行车回家。回家的路是下坡路，风吹过我们的头发，鸟儿歌唱，阳光照过来，没有麻烦，没有中国，没有特朗普，没有这些。

王赓武

于变动之中重新创造自己的身份

王赓武

1930 年出生于荷属东印度（今印度尼西亚）泗水，旋即随双亲迁居马来亚怡保

1947 年入读南京国立中央大学学习文史

1948 年返回马来亚，次年入读马来亚大学，1953 年获马来亚大学荣誉学位

1954 年赴英国伦敦大学读书，1957 年获伦敦大学博士学位

1959 年参与建设马来亚大学在吉隆坡的分校，后任历史系教授兼任系主任

1968 年起任澳大利亚国立大学远东历史系主任及太平洋研究学院院长

1986 年起任香港大学校长

1996 年起任新加坡国立大学东亚研究所所长

2020 年获唐奖汉学奖

著有《南海贸易：南中国海华人早期贸易史研究》《五代时期北方中国的权力结构》《1949 年以来的中国和世界：独立、现代性和革命的影响》《中国再连接：中华文明与天下新秩序》等

拍摄结束时，他掏出手机。我以为，他要通知秘书，他说，在用 Grab 叫车。手提袋中塞满了英文杂志，从《中国季刊》到《外交事务》，是要带回去读的。

九十三岁的王赓武，消瘦、一丝不苟，正在撰写一本新书，对于文明与文化的思考。

我曾对海外华人这一主题深深着迷。明末遗民如何逃向马六甲，广东人在加州的淘金潮，孙文在檀香山的遭遇，何启、林文庆扮演的独特角色，白光为何葬在吉隆坡……离散华人社区的故事，仿若是对中国中心叙述的某种平衡，也是对自我身份的某种探寻。

王赓武是不断遭遇的名字，他在海外华人研究的地位，多少像是费正清之于美国的中国研究。他过分丰沛的经历让我倍感惊讶，从吉隆坡、堪培拉到香港、新加坡，他在如此之多的机构担任学术领导人，他的研究范围则从五代时期、南海贸易到中国的复兴、对欧亚大陆的战略思考……你很难清晰定义他，他不像余英时、许倬云有着浓烈的士大夫情结，也并非西方意义上纯然旁观的中国研究者。在一个西方边缘与中国边缘交汇的地带，王赓武创造了自己的独特位置，也试图对人类文明做出俯瞰式的观察。他繁多的著作与演讲，也令我有些许失落，它们常常过分宏观、概括，我读不到更为个人化的感受与判断。我总觉得，他如此独特的个人经验，理应流露出来，他目睹了 20 世纪中国的变化，也该有更为明确的政治判断。

直到读到赓武先生的两卷本回忆录，这种距离感迅速消失。他对生活细节的追忆，他的彷徨与勇敢，随遇而安又坚定不移，抓住机会重新创造自己的活力，对中国的介入与疏离，对马来西亚的归属感，皆表露无疑，且细腻、深情。他对于自我身份的困惑与追寻，尤其打动人心。

这一次见面，生出新的亲密感。我翻阅着他最初的诗集，感受到东南亚的微风吹过客厅，他提及乔伊斯与叶芝时的突然兴奋，他在回忆人生时的偶然彷徨，也随风飘散在空气中。

等待回到中国以及重返马来亚，这两者形塑了我的人生

1930 年，我在荷属泗水出生。

我们离中国有千里之遥，中国遭到军阀割据，现在又面临新兴海权日本帝国入侵的威胁。

我的故事真正的起点，是我们一家三口试图返回故乡中国，但最后只走到怡保，抵达英属马来亚[1]。

往后十五年间，还有一次次的尝试以及一次次的失败。

——《王赓武回忆录：家园何处是》

---

[1] 英属马来亚（British Malaya），简称马来亚，英帝国殖民地之一，包含海峡殖民地（英国在马六甲海峡的殖民地，1826 年成立，包括槟榔屿、新加坡、马六甲和拉布安）、马来联邦（1896 年成立，由四个马来王朝——雪兰莪、森美兰、霹雳和彭亨组成，首府吉隆坡）及五个马来属邦（登嘉楼、吉兰丹、吉打、玻璃市和柔佛王国）。1946 年 4 月 1 日马来联邦与马来属邦、海峡殖民地（新加坡除外）统一成为马来亚联邦（Malayan Union），新加坡被划出来成为直辖殖民地。1948 年，马来亚联邦（Malayan Union）终止，由马来联合邦（Federation of Malaya）取代。

许：王先生，好久没见了。

王：好久没见。请坐请坐。

许：谢谢。我读了您的回忆录，非常喜欢，在那里面读到了一个私人化的王赓武先生。其实我觉得这两本书的语言比您之前的书更动人。

王：其他的书都是写的学术的东西，没有什么意思。

许：之前的书是去个人化，这本书里面有很多个人的智慧，特别触动我。您在怡保长大，然后到南京读书，又回到马来亚，类似的经历很多人有，但是很少有人写出来。您还会经常想起那个时候吗？

王：没有，我完全没有这个意识，我写《王赓武回忆录》，就是因为我太太写了她的故事，她的理由也很简单，她非常敬爱她的母亲，到她六十多岁的时候，就写了一篇关于她跟她母亲的关系的文章，连同她家里的背景，给孩子了解过去是如何。她很会写，他们看了之后蛮高兴的，后来一直催我，好几年了，不停地在问，轮到你了。我就答应了。

写的时候其实很多事情不太清楚，还靠着我母亲[1]的手稿。我母亲整天看不见我，也没有机会跟我谈，我

---

[1] 王赓武的母亲丁俨，生于江苏省东台。丁家为当地望族，丁俨受到良好的教育，尤其写得一手漂亮小楷。

也没有去问她，她就自己写下来。但她也没有告诉我，去世的前几天才拿出来给我，用非常工整的小楷写的。

中国的传统，父亲跟儿子不讲话的，所以家里事情我父亲 [1] 从来不谈，他自己的事情也从来不提。我母亲就认为，你应该多多少少要晓得一点，就常常讲，"你是王家的孩子，你们王家的事情要搞清楚"。主要的理由很简单，迟早要回去中国，回去的时候，至少知道王家是怎么回事。她在教我认识自己的身份。

就是这样，我也写了一份，我本来没有出版的想法，过了好多年，一些朋友建立了一个保留本地华侨史的组织，他们对移民的故事特别有兴趣，就劝我把它出版。出版后，我本来不预备再写的，把我年轻时代这段故事讲了也就算了，没想到我的朋友们说，你怎么把故事停止了，都还没写到我们这里来，我们这些朋友还没出现。

许：都催您。

王：都催我了，特别刺激我的一句话就是，连你太太都还没有在书里出现，你怎么可以把这个故事切断了？所以我就写下去了。这些话有点啰嗦。

[1] 王赓武的父亲王宓文，生于江苏泰州。1925 年毕业于南京国立东南大学（即国立中央大学的前身），攻读英国文学和教育。后赴南洋地区执教，支持当地华文教育。但他从未计划在异国久留，返乡一直是他心中长远的打算。

许：不啰嗦，很有意思。我特别喜欢写怡保那一段。

王：怡保去过吗？

许：没去过，我很想去。我刚刚在北京见了一个从怡保来的作家，写《流俗地》的黎紫书，她还谈到您。

王：其实新、马的文艺界里头，有许多人都是从怡保来的。怡保很有历史的，它本来是马来西亚最富的一个城市。

许：因为锡矿是吧？

王：锡矿。怡保这个地方本来是很有意思的，吸引了非常多的人才。但是战后锡价爬不上来，锡矿基本上都关了，这个城市慢慢就衰败了。到现在怡保还保留了很多高楼，已经过时了，看起来都是史料。

许：我看您回忆录里写，小时候在怡保，看地图集，很困惑自己是谁。

王：那时候只有十岁，一看地图，世界那么大，我那么小。我很喜欢看地图，那至少给我知道，我在什么地方，这个大世界里头，我的这一点在哪里。

许：小时候您会把怡保当成家乡吗？

王：我那时候从来没有把怡保当成是家的，因为我从小就听父母亲说，我们不久就要回中国去，一直那么谈，真的是侨居，也没有真正想了解怡保的情况，所知道、所看到、所听到的，也没有好好地去想一想，有什么意思、意义。没有意义，因为意义就是要回国去。所以怡保是，一直留在那里多少年，都以为迟早我们要走的。没有想到后来中日战争，更没有料到马来亚后来会被日本占领，再加上太平洋战争，这样一拖拖了十年，到 1947 年才回去。

其实我们 1946 年应该回去的。1945 年日本战败，随后国民政府重返南京，1946 年我们本来要回去的，但我父亲担心我的教育，他知道我如果没有中学文凭，回国要重新念中学，我哪念得来？我的中文程度远远不够，所以他就等我一年，要我拿到中学文凭。到 1947 年回国的时候，我们不准备再回来的。我还记得中学同学知道我回中国去，他们问，你不回来了？我说不回来了。他们还给我送行。

许：那时候是什么心情？要回到家乡了。

王：就是离开，也没有怎么准备。虽然我父亲倾囊教我古典文学和儒家思想，认为他把真正重要的中国教给我了，老实说，他对中国方面的改变也不太清楚，他也没有想到情况变得那么复杂。

许：1947 年您回国后，进入南京国立中央大学，时局瞬息万变，您周围的同学们，那些年轻的小伙子、姑娘，他们的精神世界是什么样呢？

王：1946 年，南京的几个大学，金陵大学、中央大学、金陵女大，闹学潮闹得很厉害，当时很多学生领袖都坐牢了，所以到我去的时候，同学之间很少谈政治问题，我也不好问。总之，同学之间，没有信任心的。

许：恐惧还是很普遍的。

王：省得麻烦，很多学生都被抓了。而且他们看我幼稚得很，政治一点都不懂得，所以这一部分跟我也没有什么好谈，谈的都是其他的话。

不过幼稚也有幼稚的好处，什么都是新的，对什么都很感兴趣，能够学多少学多少。

当时三民主义是必修课，我的印象是我的同学们一点也看不起——这是我的印象，不一定如此。不过我的朋友之间，没有一个认真看三民主义的。我觉得很可惜，其实三民主义有许多话很值得考虑，影响到中国现代化、中国的文化政治问题，但是可能这些同学中学时候已经灌输得够了，听惯了。

许：反而对一个怡保的年轻人来讲，这是很新鲜的事情。

王：很新鲜。因为我在怡保的英校也不教这些的，英国人只要当地的华人好好学点英文来帮助他们来治理马来亚，他们不要你懂得政治。你懂得政治的话，你要谈帝国主义、殖民主义、反帝国主义、共产主义，他们根本不要你听这些东西。结果这些词汇我是从三民主义的课里头学到了。

许：原来是这样的启蒙方式！

王：还有一个人我印象特别深，叫柳诒徵。是我父亲的老师，我没有见过他。他的《中国文化史》我看得很有意思，对中国文化我稍微懂一点，就是因为柳诒徵。还有，我同学中有些人古文好极了，我不太懂的时候就找他们。总之我就是尽力多学一点。

到1948年的时候，内战打到徐州，国民党也没有信心了，要过江了，所以把南京中央大学解散了。我1947年考进去的时候，它刚刚从四川搬到南京来，大部分学生都是从大后方出来的，西南的人多得很，太远了，暂时不能回去，留在那儿。你知道，南京冬天是冷得不得了的。

许：湿冷湿冷的。

王：对。所以我父亲病得很严重，知道再留一两年不行的，而且可能他也清楚，国内情况实在不行，通货膨胀得不得了，钱简直不值钱。我父亲回马来亚的时候是1948年年初，他身体实在吃不消了。我没有跟着一起走，因为我父亲到底不舍得——我已经考进大学了。他给我一个月15块港币，所以我当时是预备留下来的，不预备走。学校总有一天要开学的，我只要留着等着，不管是谁来干政府，那是另外一回事情。

是我叔父说，你一定要去，你父母亲年纪那么大了，就你一个孩子，你不去，以后怎么办？而且他大概也知道这个情况不对了，从上海赶过来，把船票买好了……

许：把您塞上去的。

王：差不多是如此。

* * *

等待回到中国以及重返马来亚，这两者形塑了我的人生。如今老迈的我发觉一生中有好多环节都可回溯至这两地。

南京的意象让我想起人生中似乎几度追寻的目标。

而怡保则代表了我生活其中并学会珍爱的多元文化世界。

——《王赓武回忆录：家园何处是》

许：回来之后，您就到了马来亚大学[1]念书。

王：我考到马大也很巧的。1948 年，马共在打英国

---

[1] 马来亚大学是 1949 年由爱德华七世世王医学院和莱佛士学院合并而成的马来亚第一所大学，位于新加坡，并于 1959 年在吉隆坡成立分校区。1962 年，新加坡校区更名为新加坡大学（后与南洋大学合并，更名为新加坡国立大学），而位于吉隆坡的校区则保留了马来亚大学的名称。

殖民地政府，我回来的时候这已经是很严重的问题了。当时所有华人都是被怀疑的，我一个从中国回来的学生，父亲就很担心我怎么上学校。他自己上过大学，一直想让我上大学，他没有钱送我到别的地方去念，正好，1949 年，英国政府公布要将新加坡的两所学院合并为马来亚大学，我父亲就想办法让我考进这个马来亚大学，好在至少我的文凭是可用的，他们是承认的。但那个大学是预备培训那些帮他们治理这个国家的精英人才，我不是生在马来亚，还是华人，怎么会让我上大学？所以我父亲担心这个问题。巧不巧，刚刚我不是说，本来预备 1946 年回中国的，结果多留了一年考中学文凭，这样一来我就等于在马来亚连住了十四年。它的新宪法里头说，要不停地住十四年，才有资格申请成为公民。我父亲查到这一点，就叫我去申请去马来亚联合邦公民。

其实我父亲也说不清楚什么是马来亚公民，总之你就去申请，你文凭够用，又是马来亚公民的话，入学的机会比较好一些，所以我就去申请了。当时一般的华人不要当马来亚华人，大家都不要申请，我申请完全是为了上大学，结果它接受了，我就成了马来亚公民，那个时候国家还没有成立。

许：要是您早回中国一年，整个人生命运就都会变得不一样了。

王：谁知道，很多事情……如果我不回来又怎么样。

许：后来您再回中国，就是 1973 年那一次了。时隔二十五年，再次回到中国，是什么感受呢？

王：那时还是"文革"时期，中美关系稍稍缓和一点，我去北京访问几个大学。我有个室友叫章熊，听说他在北大附中当教师，就找到他。当时他穿着满是土的农夫装，也没有跟我多谈。后来 1980 年我再度到北京，又和他相聚，才知道原来上次会面前，他正在郊外劳动，当天早上接到来访的通知才获准离开。好像我是不是有他的字在这儿？我找一下。

许：这是他的字？

王：这是他的字，他比我小六个月。

许："章熊写于北京大学寓所灯下"，苏轼《喜雨亭记》。好感慨。

我们在什么地方，那里就是我们的家

许：1949 年您回到马来亚的时候，参加了很多活动，还出版了诗集，也是新加坡第一本诗集，那时候马来亚是什么状况？

王：当我回来的时候，马来亚还不是一个国家，还是英国的属地。当然我们知道终有一天会独立，成立一个新的国家，但这是一个什么样的国家，不知道。是马来人的国家吗？是各种多元民族的国家吗？是什么样的政体？宪法如何？都还不清楚。

大家又有不同的意见，学生来自马来亚各地。像我来自霹雳州，霹雳州是马来半岛十一州之一，其他的十州我从来没去过，就到过霹雳州，而且霹雳州就懂得怡保那一带。我们也没有共同语，共同语是英语，英语是外国语。那到底应该建什么国？我们讨论这些问题。不仅是我们，整个东南亚都在建国。

许：都有相似的问题。

王：都有相似的问题，也有不同的问题。但有些国家要清楚得多，他们有国语，印尼有印尼语，缅甸有缅甸语，越南有越南语，马来亚没有。那么在讨论这些问题的时候，谈起文学——年轻人，很幼稚——就说我们应该有自己的文学，于是开始做文学实验。我写了一些东西，有点政治的意思在里头，表示不是用你们的英语，是用我们自己的英语。当时就变成一个小诗人了。其实我不是一个诗人，我写诗的理由就是想，一个新的国家，应该有它自己的文学，试试看。

许：我看您那时候的照片，还留着胡子，像一个年轻诗人的感觉。

王：其实倒不是如此，是因为我每次剃胡子都会刮破皮肤，就干脆留起来。

许：我想看看您的诗集，这里有吗？

王：可以，在书房。你看，这是我母亲写的字，这是我父亲的诗，他当时让我抄写的。

许："命儿子赓武抄残存诗稿"。

王：这是我的诗。

许：这是新加坡第一本诗集啊。"She was born of stolen night"（她生于一个无人知晓的夜晚），那时候还没遇到林小姐 [1] 吧？

---

[1] 指王赓武夫人林娉婷（1933—2020）。1951 年初，两人相识于当时的马来亚大学（即现在的新加坡国立大学），1955 年底结婚。

王：她那时还没有上大学，这是我一年级的时写的。

许：当时在学校里大出风头吧？

王：我不是个真的诗人，就是试验了一个非英语的英语。后来我渐渐失去兴趣。

许：那后来是怎么进入历史领域的呢？

王：当时按照教育制度，大学头三年每个学生必须选三门学科，获得普通学位，之后才能选择一门学科作为专业，我选的是英国文学、历史跟经济。

英国文学系将来就搞文学批评，有什么意思？我不是一个文人，所以我就不要念文学系。当时我认为，读经济好，还实用一点，不管将来马来亚是什么国家，经济总是有用的，结果经济我也读得不好。老师是非常聪明的英国人，但是解释不清楚，我根本听不懂。这时候就只好读历史了。那些历史教授很好，他们也了解我们这些反殖民、反帝国的年轻人到底怎么想，说你们将来要建国，那就要了解自己国家的历史。尤其是帕金森 [1] 教授的演讲很影响我，他说起懂得历史对当代事务有什么帮助，这对我有决定性的作用。他还鼓励我们用当地

---

[1] Cyril Northcote Parkinson（1909—1993），英国历史学家，提出了著名的"帕金森定律"，描述一种普遍的社会现象——在行政管理中，机构和人员的数量往往会随着时间的发展而自然增长，导致效率下降，亦称"官场病"和"组织麻痹病"。

第一手的资料写本地历史，所以我就去找这些材料。从档案里头，我才知道孙中山跟康有为到这些海峡殖民地来过。

许：您还特意跑到香港去找资料。

王：就因为想研究这个题目，发现档案里有，但是很多地方不清楚。国民党出版的史料，有关孙中山的不少，但是康有为的史料几乎没有。这边亲孙中山的多得不得了，在马来亚有华人的地方，孙中山到处演讲，听的人多得很。但是支持康有为这些保皇党的人很少。所以我就想，只有到香港去——广东人之中，尤其是南海人，很多还是支持康有为的。帕金森教授很支持我，愿意出钱让我去香港。这是我一生学术生涯的起点。

许：那次您见到钱穆先生了，是吧？

王：刚巧。

许：当时对他什么印象？

王：非常深刻，当时《国史大纲》已经出来了，但我没有好好地看，我主要看的还是柳诒徵、顾颉刚那一批。到香港去时，他刚出了本新书叫《中国历代政治得失》，我买下来看，非常佩服，很有启发，所以我就找他去了。直接到的他家，那也是他的办公室。

许：就是最初的新亚书院。

王：对。

许：您当时二十出头是吧。

王：是的，还是很年轻的学生。他对学生非常好，慢慢地讲，因为他讲得快了，我听不懂。

许：他是无锡口音。

王：对。他提起古文的东西，我听不懂，他讲白话我还听得懂一点，所以谈得不太深入。但我印象很深，非常尊敬他，虽然以后跟他没有什么来往，我也不是他的学生。我对中国有一种新的了解，就是从《中国历代政治得失》开始的。包括我从国民党的背景去看孙中山，也是在那时候开始的。在香港我见到形形色色的人——"反共"的也有，"亲共"的也有，有英国的势力、美国的势力，还有当地的富商——有一种置身全球意识形态冷战前线的感觉，这让我更加关注怎么样把历史联系到当前的局势。所以香港那趟，虽然只有短短四个星期，对我很有影响。

许：1954 年，您又去英国伦敦大学读书，在看您的回忆录时，我会想，如果您当时留在英国，不回新加坡，不回吉隆坡，会是什么样子？

王：老实说，那个时候我已经决定要成为马来亚人，认同马来亚这个国家，当时以为新加坡跟马来亚迟早会合并成为一个国家。而我太太是在新加坡长大的——其实她也是在中国出生的，不过她在马来亚槟城州长大，后来到了新加坡。我们在马来亚大学认识之后，已经多多少少认同了这个新的马来亚国家，虽然不知道前途如何，但有这个总的感觉，我们应该坚定地帮助建立这么一个国家，所以根本没有想到留在英国。

1957 年我从英国回新加坡的途中，马来亚联合邦独立，新加坡还是殖民地[1]。这个时候东古[2]开始质疑，为什么这个与马来亚同名的大学要设立在新加坡？于是最后决定马来亚大学要有两个分校，一个在新加坡，一个在吉隆坡。我们在新加坡工作的人，就给我们选择，你要这个分校还是那个分校。那我是从马来亚来的，跟新加坡其实没有什么感情，我太太有，我没有，我感情是在怡保。所以我跟我太太商量，是不是到马来亚去参加新大学的建设。其实她做出了牺牲，因为她在新加坡有很好的职位，又是新加坡人，但是她跟我去，她同样也对马来亚有信心，所以我们决定下功夫，尽我们的力量帮助把这个新大学办好，培养一帮年轻人来帮助马来亚建国。我们认同马来亚、新加坡，认同东南亚这个区

[1] 1955 年，英国宣布马来亚联合邦实行"部分自治"。1957 年 8 月 31 日，英国同意"马来亚联合邦"在英联邦内独立（这一天被定为马来西亚独立日）。

[2] 东古·阿卜杜勒·拉赫曼（1903—1990），1957 年，马来亚联合邦独立时，他被推选为第一任首相。1963 年，马来西亚成立后，成为马来西亚的第一任首相。被尊称为"马来西亚国父"。

域有它历史的意义，而且有它在历史上的特殊地位。

1959 年 5 月我们回到了吉隆坡。当时回来的时候，还有点信心，直到 1969 年吉隆坡动乱[1]之后，大家才慢慢地失去信心，那次我们还是坚持保留马来亚国籍的，后来就放弃了。

许：去马来亚帮助建大学的时候，您还不到三十岁，周围都是很年轻的同事吗？那是什么感觉？像一群年轻的建国者。

王：都是年轻同事。不完全是本地人，还有很多外国人，他们认为很值得帮助世界了解这个新的国家是什么样子，因为反对的人太多了。印尼反对得很厉害，苏哈托[2]就非常反对，提出来要粉碎马来西亚。他说这根本是一种新的帝国主义，认为马来亚领导人根本是英国人的傀儡。基本上左派的国家那个时候都把这当作英美的阴谋。所以说东南亚是多么复杂的一个地方。

在这个环境里头，要了解马来西亚在东南亚的地位，跟东南亚在亚洲的地位如何，变成我们的主要题目。还

[1] 指"五一三"事件。1969 年，马来西亚举行第三届大选，反对党获得
 50.9% 的得票率。反对党在 5 月 11 日进入吉隆坡庆祝胜利并且游行。
 这时，一些巫统（The United Malays National Organization，马来民族
 统一机构）的激进党员为之触怒，举行反示威。
[2] 苏哈托（1921—2008），1968 年成为印度尼西亚共和国第二任总统，其
 后多次连任，1998 年下台。

有一点我要提到的，就是"东南亚"这个概念从哪儿来的。这是完全新的名称，东南亚这个地方自己没有名字的。所谓"南洋"是日本人跟中国人用的，那东南亚这个名称从哪儿来？坦白说，是因为大英帝国里头这些搞军事的人，考虑到世界国势的问题——将来英帝国到底要退到什么地步？他们就认识到，中国将来是大强国，印度独立之后，将来也会成为一个大强国，而且中国的民族主义是绝对不会亲英的，印度的民族主义更反英，英国到底如何保留它的贸易势力？就是靠东南亚。美国同意，1944 年的时候，把抗日的军事基地摆在斯里兰卡，叫 South East Asia Command（SEAC），东南亚司令部，是这么来的。

许：所以这个名词最初出现是"二战"的时候是吗？

王："二战"的时候，而且是"二战"快要结束的时候才出现的。所以东南亚这个名称的来源是有它的政治背景的。

许：哇！今天第一次明白这个渊源。

王：从那个时候开始，大家就接受了东南亚这个概念，不是英国，不是印度，也不是中国，就是东南亚。但是大家都不懂得什么是东南亚，所以开始研究。中国跟东南亚的关系，最早研究的都是外国人，英、美、法、荷，这四个地方的学者。我看他们的东西，才知道，中国的材料那么丰富。所以我基本的想法受西方影响很大，因为到底还是从西方教育出发的，中国的影响还是间接的，基本上来自书本，在中国生活有限，其他都在外国。

许：1960 年代末，您又去了澳大利亚国立大学，等于参与了澳大利亚对中国研究建立的过程。那时候为什么会选择去澳大利亚做汉学研究呢？

王：那时候大家认为汉学是欧美的东西，澳大利亚根本是刚刚开始，没有什么地位的。所以我到澳大利亚去，很多人觉得有点稀奇。哥伦比亚大学也找我去，伦敦大学也找我去，结果我跑到堪培拉城这个地方。

我去澳大利亚的理由是想做研究。澳大利亚国立大学在建立的时候就纯粹是研究机关，有四个研究院，其中一个叫太平洋研究学院，我就是在这个学院，主要是展开东南亚特别是马来西亚的历史研究。

欧美的学界里头，纯粹研究的工作是次要的，主要是教书。我如果到哥伦比亚去，我知道他们要叫我专门教古代史，我到伦敦去也要教书的，教书还不要紧，要研究现代中国，那不是我的长项，我没有资格做现代中国。所以澳大利亚国立大学最适合我的需要，我的理由是完全理智的，应该如此的。因为我在澳大利亚国立大学，虽然有点负担，负担系里工作、院里工作，但是基本上是自由地做学问，完全由我自己选择。坦白说，环境非常好。

我当时不预备长久待的，我是预备三四年做研究，再回马来西亚。没有想到马来西亚政变使我留在澳大利亚。所以这完全是机遇，留在澳大利亚十八年。

许：当时美国在哈佛大学、华盛顿大学也有中国历史的研究，相对来说，澳大利亚对中国历史的研究，它的特点是什么？

王：我去的时候，基本上澳大利亚的政治经济问题是来自它的北方，就是东亚、东南亚跟太平洋三片。当时它所顾虑到的是印尼。印尼是在家门口，它对印尼有一种天然的恐惧。你想，整个澳大利亚只有两千多万人，现在一个上海就是整个澳大利亚的人口，印尼比它多了十几倍，东南亚不必说，中国更不必说。美国不同，美国是以东亚为主。所以我去的时候，他们认为我代表两片，我生在印尼，所以把我当作东南亚来的人，同时我研究的是中国。

许：1986 年，您去香港大学当校长，在您看来，当一个大学校长最重要的特性是什么？

王：香港大学邀请我当校长，我是完全没有想到的。港大的事情我也蛮关心的，也认识一些人，但是在香港我没有什么地位。那里学者那么多，而且香港在外头的校友学问好的很多，怎么会找我呢？我没有想到的。找我去，我想这个倒要考虑一下。主要的理由就是香港很特殊，而且英国退出东南亚的时候是被逼出去的，缅甸放弃了，印度也放弃了，新马还稍微晚一点，保留了十多年，到最后不得不走，但是一直保留着香港，也没有人把它赶走。国民党没有把它赶走，解放军也没有把它赶走。但是现在到时候了。中国大陆方面还蛮客气的，你可以一直留到 1997 年，我们可以商量怎么走。所以他们那时候讨论得蛮好的，虽然有不同的意见，基本上很和谐地解决一些问题。很有意思，这是从来没有的。而且香港是回归到原来的国家，英国所有殖民统治的地方没有回归到原来国家的。

许：非常独特。

王：很独特，所以这个回归的概念是怎么回事，这是一个历史事件，这个引起我的注意。我如果去的话呢，还多少可以亲眼看到港大怎么在这种回归的环境里头继续发展，怎么能够夺取特殊的地位。

那么去了港大之后，我基本的概念是要让港大成为一个受人尊敬的大学。港大一直重视教学，而且教出来的学生不错的。但是有些非常好的学生不回港大，在外头当教授。不回港大的理由，我就要了解。主要的理由之一就是没有研究的环境。我想，如果一个大学要真正受尊敬，研究水平一定要高。所以我去的时候就争取研究经费，还有尽量推动学者去做研究，我在这些方面下了不少功夫。

许：离开香港后，您又再次回到新加坡。我想问，从怡保开始，您待过那么多地方，对您来说，家乡到底在哪里呢？或者说，您怎么看待"家乡"这个词呢？

王：我记得离开吉隆坡去堪培拉之前，娉娉仔细盘点行李，把所有东西都带齐，她对我说："我们在什么地方，那里就是我们的家。""埋骨何须故里，盖棺便是吾庐"，我完全同意。

我要真正成为一个好的学者，
要客观，避免偏见，保留一种中立的态度

许：我刚刚在楼下转了一圈。

王：请坐请坐。这里原来是我们马来亚大学的文理学院，1949 年我上学的时候就在这儿。

许：一下过去七十多年了。

王：七十四年。

许：您是 1996 年正式来新加坡国立大学？

王：正式来是 1996 年。本来应该 1995 年来，我从港大退休，但港大找不到人来接替，叫我多留六个月，我就多留了六个月，1996 年年初来了。

许：那从 1996 年回来到现在也已经快三十年了，您对新加坡，现在是一种什么样的感情呢？

王：那时候他们要我来办东亚研究院。是吴庆瑞[1]

---

[1] 吴庆瑞（Goh Keng Swee，1918—2010），新加坡前副总理，政坛元老，新加坡国父之一。

提议的，他当时是新加坡的副总理，听说我从港大退休，要回澳大利亚去，就说你到这里来，帮我办这个东亚研究院，我觉得这蛮有意思的。但是坦白说，主要的理由是我太太。她说有机会回新加坡去，那就住几年，没有想着住多久的。她对新加坡很有感情。我不敢说有感情，但有兴趣，有佩服。

我对吴庆瑞是有佩服的，虽然他很多政治上的观点，我不同意，不过他的思想是很开放的。他很希望把新加坡变成一个比较有文化的国家。以前大家把新加坡当成一个港口、商场而已，这不行，要建立一个国家的话，一定要有自己的文化，让人家佩服的文化。这一点吴庆瑞很重视。他的贡献非常大，新加坡很多和文化有关的机构，都是由他发起的。他认为文化要使得国民有自信心、自尊心，才能真正成为一个国家。

许：说得真好。您觉得新加坡扮演的是一个什么样的角色呢？

王：保留所有的国际关系，友好关系，靠经济发展，也清楚地了解政治关系，不要太过极端，任何事情都要朝向稳定、和谐、合作，取人家的好处，避免人家的弱点，这些都是有选择的。换句话说，新加坡要有自己选择的权利，选择错或者选择对，不敢说，总之要自己选择，选择了就要自己负责，要自己办好。

许：选择很重要，您自己的人生就是一连串选择。

王：还是运气比选择多，我碰到娉婷就是运气。你选你的，人家不选你，你就没办法。我的运气好。

许：但是您个人要创造更多的可能性，被她选择。

王：不敢说，不敢说，到最后她什么理由选择我的，我不知道，谁知道。（笑）

许：在现在这个人生阶段，您还有什么东西特别想去理解吗？

王：我现在困扰的就是文明跟文化之间的关系，这些概念都是外国来的，civilization 翻译成文明，culture 翻译成文化。中国本来没有这些词汇，那如果我们把这两者区分开的话，对整个世界观跟全球化的历史会有什么帮助？我认为这很重要，因为我有这个感觉，分清楚之后，有些事情好解释。

许：那您认为文明和文化的区别在哪里？

王：我自己还没有能够完全搞清楚。有一点，我想是这样，文明是没有边界的，文明是一种理想，是普世的，谁都可以学。不容易学，但谁都可以学，不管你是什么民族，讲什么语言。比如中国古代的天下观就是一种文明的概念，没有国家和边界的问题。但是文化是有边界的。每个地方都有自己的本土文化，有自己的独立性和文化根底，所以它一方面可以保护自己的文化，一方面用它的文化做基础来吸收别的文明。

东南亚就是一个很好的例子。我研究的基本出发点是东南亚，昨天我也说过的，东南亚这个叫法还不到一百年，它没有自己的文明，是借用别的国家的文明，它就有一种自觉，到底这个名字有没有意思。我就从这个出发点来看。现在还在想，还没有能够下结论。

许：您读本尼迪克特·安德森写的《想象的共同体》是什么感觉？他也从印尼出发，也从东南亚出发。

王：他很厉害。从理论上来解释怎么建立起来一种民族国家感，这点他有贡献的。但最主要的，民族国家本身在欧洲也是新东西，他没有谈，因为他认为这是大家已经知道的。但我觉得这点很重要，因为欧洲怎么建立民族国家跟亚洲怎么建立，是两个不同的故事。那边的故事是他们自己闹出来的，亚洲是从那边学来的，学来然后去对付他们。是学哪一个呢？我觉得很有道理的说法——学的是爱尔兰。为什么你英国不能够说服爱尔兰人接受英国国籍？其他反英国、反帝国主义的人，就都看爱尔兰。甘地就有受影响。不仅甘地，好几个独立印度的活跃的政治分子，都举爱尔兰为例。

许：当年您写诗，去找马来西亚文学，就跟叶芝他们研究爱尔兰文学，创造爱尔兰文学很像。

王：是是，我们当时都看叶芝。爱尔兰文学里，叶芝是最有影响力的。

许：如果从东南亚的视角来看，您认为中华文明最独特的东西是什么呢？

王：中国文明独特的地方很多，一个是它以道德为出发点，另外一个就是它是以农业为主的文明。当然别的也有，但是农业经济，中国保留了几千年了。再一个就是，中国的概念是一统的。但是一统还是比较以道统为统，不是以权力为统。别的文化多多少少也有这种概念，但没有像中国那么认真地保留着，而且认为这是最重要的责任。尤其士这个阶级，他们的想法就是，这是我们的责任，无论如何也要保卫这个概念。这一点特殊。

许：对于中华文明，您内心最认同的文明阶段是哪一段呢？

王：中华文明现在很难谈的。如果夏朝算的话，最少三四千年不断的历史，这里头影响到中国跟朝鲜、跟日本、跟越南的关系。说起来它们算是一个文明，就是中华文明，朝鲜也接受，日本也接受，越南也接受。到现在为止，韩国人对儒家的信仰比较深，非常内化。

许：对，看他们的电视剧就看得出来。

王：但是呢，他们认为这是我们韩国的文化，不承认它是中华文明，也不否认，总是不谈这个问题。你听越南人谈起唐诗的时候，很热心的，他们非常喜欢唐诗，背得也很熟的。

许：对，日本人谈起三国来也特别兴奋。

王：特别兴奋。但也不认为这是中华文明，认为这是我们国家从中华文明选出来成为我们自己国家的文化。因此中华文明现在很难谈的，变成四个国家的文化：中国文化、韩国文化、日本文化跟越南文化。来源是中华文明，但是都成为国家文化。文化跟文明的概念已经分开了。

许：这个观点有意思。

王：文化为什么成为一个非常重要的概念，就是因为有新的帝国跟国家的概念。那你有政治体制就有边界，所以一直到启蒙时代，才开始有边界的问题，主要的来源是很特殊的，是西欧的经验。这个经验在什么地方？就是天主教跟基督教的斗争，"三十年战争"[1]之后，残杀了不知道多少人，他们决定不能够再继续这样下去，大家就开了一个大会，最有名的是签订了《威斯特伐利亚和约》。主要就是我们把边界分清楚，不越界，不打

---

[1] 爆发于 1618—1648 年，起初是德国诸侯之间、诸侯同皇帝之间的一场内战，后来由于西欧和北欧的一些主要国家先后卷入进去，从而演变成大规模的欧洲国家混战，也是历史上第一次全欧洲大战。战争以哈布斯堡王朝战败并签订《威斯特伐利亚和约》而告结束。《威斯特伐利亚和约》的缔结确立了国际关系中的国家领土、主权与独立原则，被认为是近代国际关系的开端。

仗，保持和平，好办法。边界建立，有条约规定之后，渐渐地国家概念就成立了。这个对世界的影响很大。

换句话说，全世界的现代政治文化，被民族国家的概念夺取了。你如果自认为你是主权的民族国家的话，你就是接受了西方的政治文明。那么文明的概念根本就可以说是放弃了，只有一个文明，就是现代文明。我当然不大愿意接受这个，因为我觉得其他文明还有它们的活力，还有它们生存的道理、原则。

* * *

中国是一种具有复原力的古老文化，是两千多年来经历兴亡盛衰的几个帝国，或者是一个多民族的现代国家；移民研究不是我的主要兴趣。

吸引我投入这个主题的，是中国对外部世界所代表的意义，尤其是对离开中国定居海外的华人而言代表什么。

——《王赓武回忆录：家园何处是》

许：您研究了很多年海外华人的历史，它跟中国正史是什么关系呢？

王：关系不大。海外华人，实际是宋朝以后稍微有一点，主要是明朝以后的事情。其实都不能叫海外华人，明朝那个时候，你出去，没有得到正式的允许是犯法的，根本不承认有海外华人。

当然有是有的，像蒙古人打下宋朝的时候，很多宋朝遗臣，到日本去，到朝鲜去，多得很，但那就变成日本人、朝鲜人了，不叫海外华人。一直到1893年，清朝改变政策，允许中国人到海外去。好几百万人出去工作，到南美洲、北美洲、大洋洲、整个东南亚、南亚，都有，多得不得了。

许：所以近代海外华人的重要性开始增加了，包括对中国内部的政治影响也开始增加了。

王：什么时候开始知道海外华人重要？是鸦片战争以后。主要的改变理由就是开始懂得国际法了。使得清政府特别注意的是，鸦片战争之后，生在槟城跟新加坡的这些华人商人，到中国去，英国可以保护他们，说他们是我们的公民。清政府说这怎么行啊？他们是我们的人。外国有国籍，当时清政府没有这个概念的，争论了很久。清政府那时没有外交部，没有对外的专员去了解这个问题。到1860年第二次鸦片战争《北京条约》签了之后，清政府开始建立外交关系，派薛福成[1] 到伦敦去，讨论国籍的问题，国际关系的问题，谁是谁的公民，谁保护谁，都要去讨论。英国人就坚持生在新加坡的是我们的人，我们可以保护他，他们做什么错事，你们不能抓他，要让我们来。一百多年前这就成为一个问题，到现在还是个敏感问题，可见这个问题多么严重。

也就是从那个时候起，才开始用这个"侨"字。这个"侨"字，最初不是用在华人的，是用在外国人的。外国人侨居在中国，叫外侨。既然有外侨，那我们出去的就是华侨。当时很多华侨很富有，当地的殖民政府对他们也蛮尊敬的，要利用他们嘛。像薛福成他们这些清朝官员碰到当地华侨，就觉得这些人应该帮我们，怎么帮他们了，这怎么行呢？就是因为我们不管他们，如果我们照顾他们的话，他们可能就会朝我们这边来。所以薛福成他们就建议朝廷，要把这些人挽救过来，他们懂得西方人的东西，懂西方的法律、商业，等等。那么清政府就开始注意这个问题。那个时候也相当困难的。两边都说不清楚嘛，没有法律的定义，就靠这

---

[1] 薛福成（1838—1894），江苏无锡人，清末外交官，洋务运动领导者之一。曾先后出使英国、法国、意大利、比利时，驻欧任内，走访欧洲许多国家，详细研究欧洲的政治、军事、教育、法律、财经等制度。著有《筹洋刍议》《出使四国日记》等。

些大使跟当地的侨民谈，说希望你们能够来帮我们。这些侨民也很高兴，他们在外头有一点地位，英国人相信他们、利用他们，中国反倒不承认，现在有中国承认，他们也非常高兴。

许：作为一个海外华人历史学者，您会觉得自己的身份有点特殊吗？您既不像余英时他们——他们是在国内受的教育，然后去了美国，也不属于美国或者这个西方系统里面的历史学者。

王：不知道。我不是一个纯粹的史学家，我没有好好地坚持历史学最正统的道路，懂一点人类学、社会学、语言学，国际关系也懂一点。所以普通的历史系，把我看得有点不是一个真的历史学家。我也不是人类学家，也不是社会学家。

许：无法归类的。

王：无法归类。其实许多社会科学的人，盲目地学科学家，认为要分得越细越好，没有道理的。我认为社会科学、人文科学不能细分成那样子，不管从哪一个角度去看，基本上还是和我们人的问题有关，怎么做人，怎么支持一个国家、一个社会、一个人类的文化，分不开的嘛。故意分开的话，只有乱，这是我个人的偏见。

所以我后来变成汉学家，这是笑话，我真的没有想到，我会变成一个 sinologist（汉学家），特别奇怪。

许：您的知识世界就跟您的身份一样，是很多重的。

王：我也没有要争取某一个定性的名称。不过总之是，我选择当史学家，有这么一种打算，就是我要真正成为一个好的学者，要客观，避免偏见，保留一种中立的态度，对任何东西都从不同角度思考，尽力避免个人的掺入。我从小在殖民地的环境之下生活，我父亲避免任何党派的概念，他自己也不谈，我无形中受影响嘛。

许：说到这个，有一件事情我不太理解，1965 年您写了一个关于南洋大学的报告，为什么会引起很大的争议，到现在还有人在讨论这件事？[1]

王：跟政治上的问题牵扯到了。我是从教育的观点出发，但跟新加坡、马来西亚这些政治上的问题牵扯到了。因为南洋大学建立的时候是新加坡的一个大学，但是 1963 年新加坡已经属于马来西亚联邦了[2]。我的出发点是为了新的马来西亚联邦的教育前途，最主要的就是，新加坡南洋大学的学生出来，应该要受到平等的待遇。

---

[1] 1965 年 4 月，王赓武受委托，为在新加坡成立的南洋大学拟定了一份《南洋大学课程审查委员会报告书》，当时的新加坡还属于马来西亚联邦。这份报告书旨在为马来西亚联邦拥有第三所大学培养人才。但仅几个月后，1965 年 8 月 9 日，新加坡脱离了马来亚联邦，成为独立国家。报告书中关于学制、教学语言等主张平等的条款，一经披露便在华文教育界引发巨大争议。王赓武作为报告书起草的负责人，受到猛烈抨击。

[2] 1963 年 9 月 16 日，马来亚联合邦和新加坡、砂拉越与英属北婆罗洲（今沙巴）组成新的马来西亚联邦。不到两年，新加坡独立。

我报告呈上去是 1965 年的 4 月，8 月，新加坡退出来了，被马来西亚踢出去。哪里想到？我的很幼稚的想法就是，这个报告书也废掉了，因为情况不同了嘛。没有想到李光耀 9 月的时候公布接受报告书的结论。（笑）这个问题大了，你被政治化了。但是新加坡，坦白说，就是李光耀的政治的打算，结果新闻界和文化界，都被政治化了，就把我骂了。没办法。我一直没有出声的，但是我知道外面还是怪我的。但是有些怪我的人，我知道，连报告书都没有看清楚的。

新加坡南洋大学的校长是黄丽松，后来他告诉我，新加坡根本没有接受这个报告书，换句话，没有真正地把南洋大学变成平等的待遇。我讲我很幼稚，我那个时候年纪轻，才三十五岁，很多政治问题没有想到。

到现在为止，很多人以为我是帮李光耀的。我认为他是个政治天才，但是我绝对不会帮他。到现在我也是如此。

许：您怎么看李光耀造就的新加坡故事呢？

王：新加坡被踢出去之后，头几年很多人认为新加坡没有前途，没有市场，没有工业，一个兵都没有，所有的兵都是马来西亚的。是这样开始的，谁知道他有前途。

而且他手下的一批人，老实说，基本上是公务员，一点政治都不懂。只有他，是一个真正的政治家，有政治野心，毅力很强。李光耀不停地在学，很辛苦，他的华语真的是锻炼出来的。他本来一句华语不懂，广东话、福建话都不会，普通话更不用说。他是学出来的，这不容易。所以这种是毅力。不可否认，他有错的地方、不对的地方，太多了。但是基本上，没有他，我要坦白地承认，新加坡不会像今天这样。

许：您见过这么多不同的人物，谁让您印象特别深刻？

王：还是邓小平，还是邓小平。但我从来没见过他。他从法国留学一直到他去世，经历这么多政治活动，这么多样的变化，能够不停地有贡献，到最后还能发挥他自己的一种世界观，真不简单。

许：所以人的韧性和适应能力是您最欣赏的品质吗？

王：还有眼光。他走的这条路是没有人走过的，好不容易。

许：那您个人呢？到现在九十三岁还一直在工作，做了这么多不同的事情，这个动力从哪里来呢？

王：不敢说。我只能讲，我是一个教学者，连教育者我都没有资格。教学为主，就是如此。

对不起，我差不多要走了。等一下我们到学校逛逛，我给你看一看最早的马大是怎么回事。

许：好，我们到学校走一走。

* * *

王：现在你看到的这些，都是我们的宿舍。当年我们天天就在这里闹腾，打球喽、开会喽……

许：还有讨论马来亚的未来。是不是 1950 年这里的年轻人跟南京的年轻人的氛围很不一样？

王：不一样，不一样，因为那个时候马大虽然受"紧急法令"[1] 限制，但英国人多多少少维持大学的概念，大学内，你什么都可以谈。当然你去外界，你登报或者出版或者参加其他校外活动，那是很严格。

许：我看那时候您就是一个很活跃的年轻人，组织各种活动。

王：基本上是在校内活动，因为我也很敏感，我不是本地生，又是刚从中国出来。而且这些反殖民地、反帝国的话，我知道在外面说不行的，英国人很注意的。

许：您第一次见到您太太是在哪里？

王：就在学校。她比我低一级，在文学系。我们是

[1] 英属马来亚殖民当局制定的镇压马来亚共产党和进步团体的法律，又称"马来亚紧急条例"。

在我大二那年相识的。当时有几个大一新生让我去主持讨论华兹华斯的诗，她去听。

许：所以你们是因为文学结缘的。

王：她热爱英国文学，驾驭英文的能力比我强得多，那时候她还是大学管弦乐团的首席小提琴手。我们经常去学生餐厅喝咖啡什么的，在那里见面。

许：还会经常想起太太吧？

王：当然。她牺牲很大，根本她的生活一切都跟着我。本来她也很有才干的，但是她放弃了，她的帮助说不清的。

许：我觉得她好像是您一生真正的归属。

王：认识的时间大概七十年。我认识她的时候，她才不过十七岁。（笑）

走到这棵老树了。

许：这棵树得有多少年了？

王：多少年，我不知道，总之我来的时候就有。其他的树是后来种的，这棵是原来的。

许：会怀念青春时代吗？

王：很怀念，学生时代是最好的时代，因为一方面自由，一方面没有责任，做什么都可以说是学习的一部分。而且同学来自马来亚各地，他们讲起自己家乡，我学了不少东西，不然的话，怎么了解这是个什么国家。

这里到底是从殖民地建立起来的，它的基础是殖民地的基础，要把它建成一个国家，而且是一个多民族、多宗教，各种各样都是多元的新型国家，很不容易。到现在还是有很多挑战。

好，我就到这里。我叫车走了。我用 Grab。

许：Grab？哇，我没想到赓武老师是自己用 Grab 叫车，太酷了吧!

王：车来了。我走了，谢谢你们。

许：谢谢您，很开心。（转身对工作人员）那个瞬间你知道，真正的核心是什么吗？凡是能够依赖自己的，绝不依赖他人，他非常自立。如果他没有一种很强的不断地辨识自己的位置、自己的身份的能力，他很容易被这些不同的东西冲垮的。他受到各种智慧的影响，但他也不属于任何一个地方，最后他选择了自己。

《阿飞正传》里说嘛，他像没有脚的鸟，一直在飞。其实，移民，不管是海外华人，还是别的移民，他们都像没有脚的鸟在飞。所以他们真正的根不是脚下那片土地，而是他的翅膀。我们老觉得足下才是稳定的，但是其实翅膀可能是一个更稳定的存在。

附：黎紫书采访

我摘掉了马华那个帽子，只做一个作家本身

许：你知道王赓武先生吧？

黎：当然。

许：我们这次要去新加坡见他。你们都是在怡保长大的，我也很想听听，从你的角度来看，怡保是什么样的呢？包括你曾说，在你无数次离开中，它建立了一种对你的承诺，这是一种什么样的羁绊呢？

黎：我印象中的怡保是一个在不断没落当中的城市。它有一种不紧不慢的氛围，"不长进"，没有野心，这可能是在马来西亚其他华人城市都找不到的。

还有一点，怡保是讲粤语的地区，马来西亚其他地方不见得是这样子。比如吉隆坡也讲粤语，可是现在已经改变了。很多外来的游子，像槟城或者南马柔佛州的人都到吉隆坡打拼，槟城华人主要是讲福建话的，南马也只讲福建话，他们去吉隆坡，不能讲福建话，那就讲华语吧，所以现在的吉隆坡慢慢发展成讲华语的地区。

怡保就是因为没有发展，没有想去学一些更有用的语言，比如马来语或者英语，还是用粤语在维持我们的生活。所以粤语本身对我来说也是承诺的一部分，只要你回去，你还能感受粤语的氛围，它像是一种性情。我觉得也是因为我在怡保这个地区长大，才能在《流俗地》里写出这样子的语言来，如果我是在福建话地区长大，肯定我使用的写作语言也会不一样。所以我想语言本身也是羁绊的一部分。

许：你在那边是第几代移民？

黎：我是第四代。

许：祖上是从广东什么地方过去的呢？

黎：我父亲的祖籍是广东梅县。

许：那是客家人啊！

黎：我妈妈是广西桂林人。一个是客家人，一个是广西人，他们都不懂对方的方言，就折中，说广东话。所以我出生的时候家里都是说广东话。

许：其实马来西亚在某种意义上也是拼凑出来的国家，这些历史记忆在你这代人身上会有什么样的体现呢？

黎：我出生的时候怡保就已经没落了，它最风光的那个时候我是没看到的。另外怡保相对来说偏离那些繁荣的中心地带，它在吉隆坡和槟城之间，英国人曾经很注重这两个地方，怡保其实两边都不到。所以种族冲突或历史上的一些大事件，怡保是风闻，但是没有去到怡保（日占时除外）。那比如说像"五一三"这样的事情，吉隆坡死了很多人，尤其是华人，戒严也戒到了怡保，但是没有对怡保造成太大的冲击。但是你又在它们的旁边，所以是一个非常微妙的存在。

许：你是 1971 年出生，在你小的时候，中国相对来说还是封闭的，那个时候你在怡保，对中国的想象是什么呢？

黎：不要说我自己本身没有机会接触当时的中国，就算是我的父母辈，他们都是没有见过的。像我父母，没有受过多深的教育，他们对中国的认知都是从他们的父母辈那儿听过来，然后不晓得为什么，对中国这个国家或者说中国人这个种族，有一种很深的认同感。但是到底什么是中国？他们也说不清楚。

一个最典型的例子，就是我小的时候看电视上有羽毛球比赛，汤姆斯杯，每一次中国队对马来西亚队的时候，我父母都为中国队加油。就是说，到这种赛事上面，他们觉得我宁愿是中国人，而不是马来西亚人。好像把自己当作马来西亚的一个过客，只是寄居在这里的。

许：即使出生在这里，也仍然觉得自己是过客。

黎：对，就是那样子的。所以我觉得很奇特，你没有回去过中国，只凭你的父母灌输给你的某一个想象，就觉得你是属于那里的，你希望它好，而不是你所生的所在的这个地方好。

许：在怡保华人社区，这种情感状态很普遍吗？

黎：当时是很普遍，今天的情况已经不同了，我这一辈或更年轻的那辈，对中国的认同感当然都在下降。比如说今天的汤姆斯杯，大家肯定是支持马来西亚队。

许：再往后，中国开始崛起，中国的变化对怡保的华人社区冲击大吗？

黎：当然是很大的。在马来西亚这样一个小国，我们华人一直是一种受困的地位，觉得自己在马来西亚是被不公平对待的二等公民。所以中国崛起的时候，大家都怀着兴奋，觉得当中国人的地位在世界上提升，我们马来西亚华人的地位在马来西亚肯定也会得到提升。比如说，之前的祖辈花了很多心血去捍卫华文教育，就有了这么多的独立中学，让孩子可以学中文。中文在马来西亚这个地方实际上没有用。当我们看到中国崛起的时候，觉得以后有可能使用中文去跟中国合作，大家突然觉得华文教育有更好的明天了。所以当时中国崛起确实对马来西亚华人社会，不仅仅是怡保，是一个很大的鼓舞的力量。

许：在怡保，或者是你成长的过程中，有没有那种特别明显的边缘的感觉？

黎：作为一个怡保的华人，我并没有在那个社区里面或者在马来西亚感觉到自己是被边缘的。当然整体上马来西亚华人处在一个不那么理想的阶层。但它就是整体的，你并不觉得你是特别边缘的。是在我开始写作以后，我才比较意识到自己的边缘身份，尤其当我进入文学这个圈子的时候，才感受到马来西亚华文创作者的位置原来是被挤到那么远。

许：刚刚你说到华文教育，王赓武先生的父亲就是1930 年代去马来亚那边做教育的，所以他在成长过程中就有很多身份上的困惑，他上的英文学校，接受的是英国教育，旁边一起玩的又是马来亚、印度的小孩，然后在家里他接受的又是中国的传统教育，看《岳飞传》，读《古文观止》。他的身份非常混杂，经常觉得不知道自己是谁。对你来说，这种身份的寻找过程，又是什么感觉呢？

黎：当然不可能像他感受那么深，毕竟我出生在马来西亚，而且父母辈也没有特别教给我中国的文化，只是说他们有"我们是华人，心属于中国"这样一种情怀。但是在文化上——我从小就在那种混杂的文化里面成长，对我来说这是最自然不过的情况，所以这种身份的混杂并没有对我个人造成多大的冲击。

反而是当我已经在这个土地上生活了三十多年以后，我第一次到外国去生活，那个外国居然就是中国的时候，给我的冲击很大。因为中国本身的文化，它的状况，和我们原来想象的有很大差别。那时候才会去想，我作为马来西亚的华人，我是谁？我跟中国的关系是什么？我应该站在什么样的位置上？

许：那您有结论吗？做一个马来西亚华人，意味着什么？

黎：经过那么多年，我觉得至少在写作这个事情上，我从来没有追求要成为一个马来西亚华人作家，我只知道我是在使用中文写作。我其实摘掉了马华那个帽子，只做一个作家本身。

许：大概是什么时段你觉得摘掉了这个帽子？

黎：离开马来西亚，开始到外面去行走的时候，我就有这个想法。我记得我曾经在一些公开场合这样子提过，引起了一些反弹，马华的读者听了很不高兴，说那你现在就不要当马华作家。我觉得这是一个问题，为什么我们执着于马华的身份？因为只有执着于它的时候，才能够保持马华本身的主体性或它的独特性。但我觉得这本身对我们的成长是一种很大的限制，不管是作为人还是作为一个作家。到现在为止我并不执着，没有把自己当成一个马华作家去看待或者去想象。

许：当你放掉这个身份的时候，是不是反而是一种解放？

黎：那当然是，我觉得我在题材的选择上，在写作处理上，都更自由更宽广了一些。

许：你会怎么理解做一个异乡人呢？你去过那么多地方。

黎：做一个异乡人，有一种事不关己的舒坦。之所以《告别的年代》会在英国完成，是因为当我人不在马来西亚的时候我不心烦，不管英国发生了什么事情，对我没有影响，我都可以保持很平静的心态写作。可是当我人在马来西亚的时候，我觉得所有的事情都关我的事，其实它们并不真的影响你的生活，可是会影响你的情绪，这个土地的一点点事情，它的呼吸，它面对的困难，都会影响你的情绪。所以我觉得当一个异乡人，我经常可以找到空间去做自己。但是我最后又说，我不归属于这些地方，好像你尽量让自己变成了一颗水珠，但你其实不是水珠，你就是一颗水银，你掉进了水里面但是你不融进水里的。

许：这个比喻好。

黎：我的这个感受很强烈，就是你融不进去。当我真的想着要在异乡生活，要归属那里的时候，我碰到了各种精神上、身份上的困扰跟质问。

许：你说过最终要回到怡保，似乎怡保是你的根，这个根对你重要吗？

黎：怡保对我的羁绊，或者说吸引，是因为它是我的根吗？我还不能够把它理解出来。

许：不是吗？

黎：对我来说的确有一种归属，因为这个地方塑造了我。到我老的时候，只有在这个地方，我是活得最自在的。不是我在别的地方活得不好，我在美国也可以过得很好，可是就像刚刚说到的，你很清楚自己不属于那儿。所以走过了那么多地方，只有回到怡保，我是最自在的。但是我不太清楚这是不是一个根。

许：所以根可能是个伪命题。

黎：对吧？我觉得我还没有理解到它对我来说是根的那个层面，但是我很清楚地意识到自己在怡保有一种归属的感觉。

许：对你来说，"乡愁"这个词到底是什么感觉呢？

黎：我觉得可能一个文人对于文化或者故乡的思考和感受本身就是比较敏感的，当然，比较敏感，你被它困扰的时候也就比较多。所以我才会说"我以后要回去怡保"。我身边的人，移民的移民，离开的离开，不见得有这么多愁善感。我当然也羡慕他们可以在别的地方安享人生，但是另一方面又很为我自己怀有这样子的乡愁而感到骄傲，我觉得自己是没有忘记本源的一个人，在这一点上我偷偷地为自己感到骄傲。我没有摆脱它的想法，既然我生成这样的一个人，那就在这样一种困扰当中活出自己的人生，找到自己要做的事情和方向，这样子就好了。

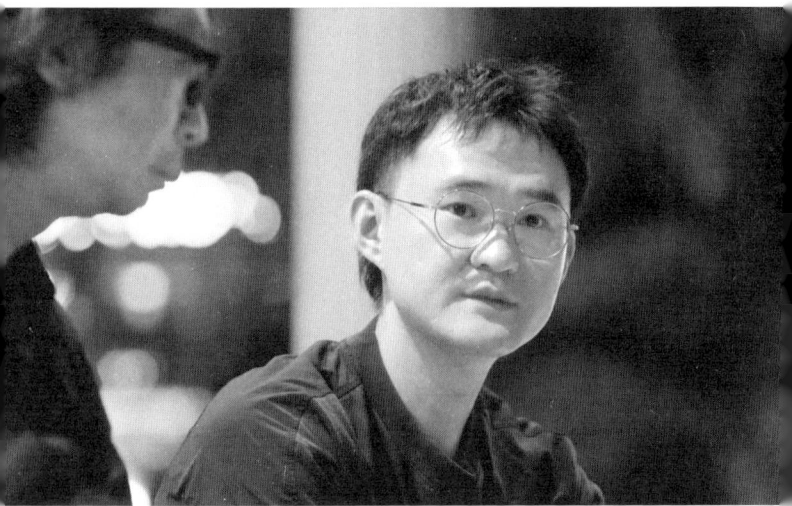

附：姜文欢采访

我是东北新加坡人

许：你好，文欢。

姜：许老师好。

许：谢谢你来。为什么约到这个地儿见呢？

姜：我上班的地方就在滨海湾附近，大概在那个方向。那边您走过吗？

许：我应该走过。

姜：应该走过，那一片是很地标的。另外我推荐来这里，也因为今年国庆节庆典在这儿举行，就是两天后。

许：10 月 9 号。

姜：对，是新加坡的 58 岁。这一片草坪是新加坡第一个国庆日的庆祝地点。背后以前是新加坡的最高法院，现在是国家美术馆，重新改造了。

许：这一带好像一个微缩的《清明上河图》啊。

姜：有那么点意思。

许：你是什么时候来的新加坡？

姜：2000年年初，新加坡迎来一批新的华人移民，我就是其中之一。

许：你多大？

姜：1992年的。

许：是你妈妈带着你来的？

姜：对。我妈她野心比较大。我们那时候在抚顺，她不安于现状，想要探索更好的生活环境，甚至她有一个单纯的想法，就是想让我避开高考。

许：所以你是"高考难民"，是吧？

姜：我第一次听到这个词。当时看到有移民中介，她就报名了，第二个星期就把工作辞了，她很疯狂。然后我们在半年之内就到这边了。

许：哇，你妈是个冒险家。

姜：我很佩服她。

许：刚来的时候适应吗？

姜：小孩其实适应挺快的。同学们都还挺友善的，我不会讲英语，他们就跟我讲中文。

许：当时学校里像你这种小孩多吗？

姜：我们这个年级大概有五六个吧，再往上面就更少了，我们那个时候应该是最高峰的几年。

许：这种政策叫什么？

姜：就叫陪读政策。

许：现在还有吗？

姜：现在有，但是收的人已经比较少了，制度更完善更严格了。

许：你妈妈来的时候适应这里吗？

姜：我妈在国内是水力发电工程师，她来之前，中介就建议她学个一技之长。大家都去学推拿、按摩，她也去学。她来这边最初几年就是做按摩、推拿。后来她去读了新加坡的中医学院，读了五年的全职本科。之后就考到中医师执照，现在自己开了一个小诊所。

许：哇，你妈这么厉害！

姜：我妈就是这么厉害。

许：她一开始有没有遗憾？她本来是个工程师，然后突然放弃自己的专业。

姜：她反而觉得很充实。她跟我说，她当初上班，工厂遇到问题才找工程师，大部分时间是没有问题的，例行检查之后她一整天就是织毛衣。所以她觉得是在浪费生命，没什么盼头。她觉得在这儿会让她有一种生存的本能的欲望。

许：我真的很佩服你妈妈。那你自己呢？刚刚你说小孩子适应得快，等到了青春期，更懂事的时候，你会有身份认同的问题吗？

姜：真正意识到这个问题，应该是在高中的时候吧。

之前还是觉得自己是一个中国人，没什么怀疑的。到了高中，交的本地朋友就多了一些，开始深入接触新加坡的本地文化。最终我开始面对这个身份认同的挣扎，是上大学的时候。上大学时我开始做义工，是涉及一些国家政策制度的，义工群体里讨论的东西也都是围绕着国家的，大家的爱国情结也比较重，在他们这个环境里，我就有一点不好意思透露我来自哪里。我发现我对这件事情说不出口，没法坦然面对。所以那两三年在不停地思考这个东西。像我一说话就带儿化音甚至有东北口音，那就是一种身份的标签。

许：会觉得孤立吗？

姜：不会觉得孤立，会觉得怕被歧视。还有一个事，很多陪读妈妈都是单身，带着孩子来，有一些为了生存就走捷径，找一些本地老一点的先生结婚。而新加坡当初的公积金制度是在你退休之后一次性都返给你，你可以突然拿一大笔钱，她们可能就是想要分那个钱。所以当时这一小撮人造成的社会影响就非常不好，一讲到陪读妈妈，大家就想到这个。而且按摩行业也是灰色地带，所以很长一段时间我不敢提这个，更不敢跟朋友提。

许：那你现在都渡过心理难关了？

姜：现在无所谓了，我为我妈感到骄傲。

许：她真的很了不起。那现在你对身份认同怎么看呢？也释然了吧？

姜：这一两年彻底放下了。有一次跟一个朋友聊天，他跟我的经历也差不多，聊着聊着就不知不觉开始释然了，觉得我又是一个中国东北人，又是一个新加坡人，不冲突。工作之后我的脸皮厚了很多，我已经不惧怕聊这个，别人问是哪里人，可能我没法一下子回答出来，我只能说东北新加坡人，因为我没法用中国人或者是新加坡人来定义。

许：我在日本碰到很多东北日本人。

姜：东北日本人好像不是很新奇，东北新加坡人还真就是我这一代才有的。

许：那你觉得你身上东北的特性还有多少？

姜：我不知道好客算不算？然后可能对生活比较幽默吧，我爸妈都是这种。

我有时候会有一种前世今生的错觉，就像是那种科幻电影里的机器人，缺失了一个被造之前的记忆，八岁之前的新加坡人记忆我是缺失的，那个记忆是在中国，回中国就是回到前世的感觉，然后回到这里就是在今生的感觉。可以切换自如。

许：那反而变得更丰富起来了。

姜：是的是的。

许：你在这儿会碰到很多新加坡人，他们可能是三代或者四代之前从福建或者广东移民过来的，会觉得你妈妈身上的某种精神跟他们像吗？你们身上的故事跟他们像吗？

姜：某种意义上是像的，但又肯定不完全像。我其实还挺喜欢问身边的本地朋友这个问题，你知不知道你是第几代来的，你的祖籍是哪里。他们那个时候主要还是迫于生计或者逃避战乱，真的活不下去了才过来。因为那个时候下南洋还是非常危险的，坐一个船可能三分之一的人都被抛下水了。

许：是的。你妈妈他们这一代本质上也是这个传统的延续，是吧？

姜：某种意义上算是的，也是为了寻求更多。但是有一个最大的不同，他们当时是还准备要回去的。

许：对，他们觉得在这儿就是过客，要回去的。

姜：结果最后发现回不去，甚至在这边娶妻成家，索性就留下来了。

许：我们去见的王赓武教授不就是？他的父母本来要回去的，发现回不去了，就留在这儿了。

姜：其实当初我妈也是想把新加坡当一个跳板，因为当时新加坡算是门槛最低的，这边华人比较多，能说中文，然后还有这么一个政策，来就可以找工作。来了之后发现喜欢上了新加坡。

许：你妈妈最喜欢这里什么？

姜：公平，非常公平。这也是我最喜欢的一点。

许：你最不喜欢的是什么？

姜：最不喜欢的一点，可能是世界的视角稍微薄弱，但这个也不能完全怪他们。

许：是。

姜：而且你成长在一个很辽阔地方，这也会影响你的感受吧。

许：还是会有那种空间上的不同感——你从那么辽阔的东北到这儿来。

姜：是，在国内，我有个印象，去谁家可能都有一张中国地图或者世界地图挂客厅里。但这边很少看到，可能是因为新加坡太小了，在地图上都很难看到。

许：但新加坡是个码头，它是依赖全世界的贸易为生的，应该去看世界。

姜：的确，新加坡人出国的频率非常高，有假期就会飞出国。没地方去了，要旅游只能出国。对新加坡有个很经典的评论，就是说太憋屈。

许：这么多外来移民过来，新加坡人是什么感觉呢？

姜：我觉得可能我的同学们，他们大多已经习惯了。像我的初中、高中同学就已经习惯了拿政府奖学金来的外国学生，跟他们一起读书一起竞争。而这些中国来的奖学金学生，他们往往是市的、省的状元，轻轻松松就成绩非常好。所以他们也习惯了这种外来人才给自己带来的压力。而且新加坡小孩的性格比较开朗一些，比较自信，交流能力也比较强。这是他们自己的优势。另外政府在政策上对新加坡公民的保障非常多，对外来人口尤其是公司，收的税非常高，所以他们也把这个看作双刃剑，有利有弊，并没有引起太大的社会上的不满，目前还没有。

许：这几年又来了一批很有钱的人，物价也涨上来了，你们会有什么感觉呢？

姜：的确这是二十年来物价上涨以及房租上涨最大幅的一次，前所未有。

许：涨了有多少？

姜：有一些房租上涨达到了 100%。

许：那就很夸张了。

姜：非常夸张，这也和疫情和全世界的动荡有关系。目前还没有人把这个追究到是外来的财富引起的。他们的影响，我个人觉得还没有这么大。外来财富影响最大的可能就是房屋，他们疯狂买房。但外国人买的房也非常有限，他们只能买公寓，不能买别墅，也买不了组屋。而新加坡人可以买组屋，这个没有人跟我竞争。所以他们感觉还是 OK 的。

新加坡人口 70%、80% 都住在政府组屋里面。而新加坡的政府组屋质量并不差，政府负责组屋的部门叫 HDB，一直在改变革新。当然你要问新加坡人，很多人都会告诉你组屋很差，而且是一种象征，象征你没钱，你住不起公寓，住不起私人住宅。但我觉得 HDB 还是在进步的。比如说这十多年来，它把项目承包给私人的建筑公司，甚至会做政府组屋的创新比赛。我觉得还是挺好的，至少在其他国家我还没看到这样。毕竟政府组屋的宗旨是居者有其屋，想让所有人不管多穷都能有自己的房子，而且的确也实现了这一点。

许：你是新加坡国立大学的吧？是怎么慢慢发现自己的志趣是建筑呢？

姜：我很喜欢动手做模型，学着学着就喜欢上了建筑。建筑是包容性很大的，人文、历史、视觉艺术，包括工程方面的能力，很综合性的。

许：我们刚刚去拍完安藤忠雄。

姜：哇，Tadao Ando。他是我最喜欢的建筑师，没有之一。我还在想说我们会不会聊到建筑，那就会问我最喜欢的建筑师是谁，我就会说是安藤先生，哇！他老先生状态怎么样？

许：还可以的。你为什么那么喜欢他？

姜：他很有勇气，他很执着，他很纯粹。建筑是一个很难混的行业，很多人都转行了。他至少让我觉得，还可以做出来那样的东西。而且我对他的美学很有共鸣。

许：那在新加坡有发展空间吗？

姜：新加坡已经饱和了，没地儿再建了，那可能未来更多的应该推崇旧建筑翻新，重用再利用。怎么说呢？至少到现在我还没放弃。

许：你对李光耀怎么看？

姜：我很欣赏他。毕竟是他成就了我和我妈，就是他制定的这种公平的社会体系。我觉得是非常非常透明的一个政策体系。我很幸运新加坡有这样一个领袖，这绝对不是政治正确的话。

许：当初陪读政策也是备受攻击吧？

姜：其实这个政策很低调，并没有大张旗鼓。反而是拿政府奖学金的政策，叫SM1，SM2，就是初三来一拨拿新加坡教育部奖学金的，这是SM1，然后大学又来一批，SM2，这个反而争议比较大。新加坡人说，你看他们花着我们纳税人的钱，但是最后99%都走了。李光耀给的回复是，只要1%的人留下来，我们就赚到了。

许：他真有远见。

姜：是的。

许：那对遥远的中国的境况，你会有什么感受吗？

姜：这个我有话说。就说涿州大水吧，在我心里影响挺大，我们还有一些小群体聚集在一起讨论这个事，抒发自己心中的难受。

许：还是有很多关切在里面的。

姜：非常大。我的那一部分永远在。比如说奥运的时候，中国得了奖牌，那是打心底的高兴，心里还是想着中国可以变得更好。

许：是，是。

姜：但同时我又非常爱新加坡。对新加坡的感觉又稍微有点不一样，我更喜欢新加坡的还是喜欢它的社会制度吧，很想保护它。它在国际上也是有很多名誉，但我并不会觉得很自豪很骄傲，还是觉得跟我有一点点的距离。但是我很想保护这里的一切，我很感恩新加坡社会的这一切。

所以我像是一个一脚踏两船的人。我差点忘了，我还带了一个小道具，这是我刚来的时候的护照，2000年入新加坡盖的第一个章。

许：真有意思。

姜：对，它提醒着我一些东西。

锺叔河

饭还是要吃的，书还是要读的，
要我们死我们是不得死的

锺叔河

1931 年出生于湖南澧县（原籍平江）

1949 年参加工作，任《新湖南报》编辑、记者

1956 年着手搜集和研究到过西方的中国知识分子的记述，整理汇编"走向世界"丛书，该丛书收编了 1840—1911 年间中国人到欧美、日本等国通商、留学、出使、游历和考察等所留下的各种记录。至 2017 年，该丛书一百册终于出版齐全

1957 年被划为"右派"，开除公职

1970 年被判刑十年，至 1979 年 3 月提前释放。9 月罪名平反，改正了"右派"的错划

著有《念楼学短》《笼中鸟集》《小西门集》等

若早生四十年，我们会是朋友吧，若我会讲湖南话，一切该多么生动。

知道锺叔河这个名字，来自"走向世界"丛书。它像是 1980 年代的某种象征，一个解冻的社会，急于反省过去，想象未来，了解外部的一切。一个湖南人做出了自己的回应，他将一个多世纪前中国人的海外见闻编辑成书，提供了一个令人意外的图景，原来在那个被描述为停滞、保守的年代，一些中国人已这样描述了世界的面貌，带着同样的困惑与惊奇。

这套书堆在我的书架上，却没激起我真正的好奇。它似乎代表着一个逝去的年代，一种博物馆式的存在，它有历史维度，却与现实并无迫切关联。十多年前，我路过长沙，请朋友带我去拜会锺先生，我出于一种单纯、浅薄的好奇心，他是一个都市传奇，在这个被快乐大本营、口味虾包围的城市，他代表着一个更富世界眼光、历史感，也注定孤立的力量。

在短暂拜会中，我发现自己完全跟不上他的浓重的湖南话，只能似懂非懂地点头。不过，他意外地说起自己少年时代的一段恋情，背诵何其芳的《预言》，其中一句"你一定来自温郁的南方"，我竟听懂了，并陷入一种意外的浪漫——你听到春雨低落、栀子花悄悄开放。

那却是个关于冬日的预言。我带回锺先生的赠书，时断时续地翻阅，他对老长沙——小西门、黄鸭叫，以及与朱正的友情——让我动容，他真是个朴素、细腻又有点霸蛮的人啊。我也不无好奇，经过这样的沧桑、折磨，他为何仍保持这样的深情、天真、俏皮。

再见面时，他完全忘记了我，却还是保持了热情。我的热情更为高涨，因为一位理想主义者彭小莲的《编辑锺叔河》一书，我对他的理解深入了一些，时代的剧烈变化，也生成更多共鸣。我陪着他上了岳麓山，他与过世的太太曾在此认养了一棵树，他好久没从二十楼下来了，也觉得对于一个九十岁的人，这可能是最后一次下楼了。树犹如此，我心中生出感慨，然后听他讲述与亡妻的种种。

这一次，我对他的理解加深了。自然，我们谈起了黄遵宪、曾国藩、梁启超，这令人气馁又精彩纷呈的近代中国，他的父亲竟是梁启超在时务学堂时代的学生。但他那美妙、自由自在的童年更打动我，他在拉板车时在旧书店里抢下的《查泰莱夫人的情人》，他深陷囹圄时的乐观，一旦春天到来时，他立刻焕发的生机与无穷动力，他在任何时刻都不消退的讲笑话的本能……比起智识上的启迪，这生命中的耐心与跃动，击中了我。他的文章与思想，谈不上多么杰出，却有种难得的常识感，在经由如此动荡的那一代人中，这常识像是宝石。他还说一直困在长沙的自己，就像是巴尔扎克笔下的外省人。

我很想抱住他，说我也像您一样，还是被一股羞涩阻碍了，或许，我也在遗憾，为何我没有那股霸蛮劲儿，没能说一口长沙话。也是这一次，我知道他因疾病无法长途旅行，这也是人生的一个迷之时刻，恰是一个无法周游世界的人，向你描述了世界的模样。

"在一个短时间内，如我们愿意，我们可以用了光明去照耀我们路程周围的黑暗，正如在古代火炬竞走——这在路克勒丢斯看来，似是一切生活的象征——里一样：我们手里持炬，沿着道路奔向前去，不久就要有人从后面来，追上我们，我们所有的技巧，便在怎样将那光明固定炬火递在他的手内，我们自己就隐没到黑暗里去。"周作人先生翻译的霭理士这一段，曾在最晦暗的时刻激励锺先生，如今借由锺先生激励到我。

我又去看了锺先生，他躺在床上，最近一次病情令他半身麻痹。躺在床上，他仍清晰、斯文又直截了当，遗憾自己失去味觉，体验不到辣椒的快感。他勉励我，锻炼心智与身体，坚持下去，说他真正的工作时光从四十八岁才开始。

锺叔河

饭还是要吃的，书还是要读的，要我们死我们是不得死的

我们一直在谈科学、进步、强大，但是对于常识是谈得很少的

许：锺老师，您还记得我吗？我十年前来过，谭伯牛带我来的。

锺：那是哪一年？

许：2011 年，辛卯年是 11 年吧？

锺：2011 年……那时候我已经是一个人了，我老伴是 2007 年去世的。我原来还打打台球，现在十多年没有打了。

许：您最近在编什么？写什么？

锺：编自己的书，包括有些已经出过的书重印了，现在整理一下。湖南有一个出版社准备出一个文集，自己要修改。时间主要在修改上。

许：您是要写回忆，写一些故事吗？

锺：我自己很少旅行，别人说"读万卷书行万里路"，我一里都没走，书也读得少。我从小就器官敏感，晕车晕机，新中国成立以前坐木船、没有动力的船都晕船。

许：您是编"走向世界"的人，结果哪儿也不去。

锺：美国倒是去过一次，小孩在美国，老伴在的时候她每年都去。我一生去北京也只去过四次，所以认识的人很少。

许：我觉得您是坐在屋子里等着世界向您走过来。

锺：没有那样大的雄心，也没有那样大的本事，我不过觉得那些书有印的价值，我自己也觉得很好看，蛮有意思的。

许：那么多游记里，谁写得最有意思？张德彝[1]写得最好玩吗？

锺：张德彝的文字不很好。思想内容丰富还是郭嵩焘，别人无法相比，那是高出很大一截。但是张德彝最大的优势，是记得很细致，吃几道菜都记下来。

许：像照相机一样的。

锺：好比外国小孩唱歌，他都记录，英国学者都不记那些儿歌的。他记他的日常生活记得很细，有社会史价值、文化史价值，看得很有意思。更重要的是，他写出了这个封闭的中国人走到现代的西洋国家去是什么感

[1] 张德彝（1847—1918），清末民初政治人物。一生八次出国，在国外度过二十七个年头。他是第一个进入金字塔参观的中国人，还曾目击巴黎公社革命。每次出国，他都写下详细的日记，依次成辑《航海述奇》《再述奇》《三述奇》《四述奇》直至《八述奇》，共约二百万字。

受。对于 80 年代的中国人来说，大部分人也是第一次走出国门，但是有的人的思想还不一定能达到张德彝他们的境界，我的看法是这样的。

许：还没有他们有这样的好奇心。

锺：现代人很重要的一点，说不好听的话，就是太现实、太功利。人的文化水平并不比原来低，现在的中学生、大学生，一般的文化知识、外文程度都比那时候高，知识面比那时候要广。但是，有一条不同，那时候的中学生里可能会出锺叔河这样的中学生，我们虽然也不成熟，同样是幼稚的，在生理上、心理上和现在的中学生比甚至晚熟一点，但是现在他们就不会写我当时写的《窗》这样的东西，写了也没有地方给他们发表，差别在这里，不在别的地方。

许：您怎么看中国文化这种特性，一方面很包容，一方面又显得很排外，两方面都很强大，您怎么看这个关系？

锺：我认为现在一般搞历史的，尤其是做史论的都把它割裂开来，都分别地绝对化和特殊化了。正常的情况下，两者是并存的，保守能力强大也不等于说那里没有很激进的想法出现，相辅相成、相克相生，往往是压迫最厉害的地方会出现最先进的思想和最杰出的个人。

许：您说一百多年前，郭嵩焘也不会英语，他跑到英国伦敦去，他的观察怎么这么敏锐？

锺：我是崇拜郭嵩焘的，他的思想水平超过曾国藩、左宗棠他们。他是按照传统模式发展起来的最高级的知识分子，读传统书长大，完全不懂英文，也没有接触过现代科学。但他到英国去，雇佣英文翻译，通过他们了解一点英国的文化。另外很重要的一点是他与严复有接触，原先他不知道严复，以为严复就是一个普通的留学生，福建船政学堂送去的，而且他们年龄相差很大。但两人一见如故，郭嵩焘的日记里记录了他们很深层次的谈话。他们都是不世出的人才，我们这些人和他们比起来相差太远。人与人的差距是很大的。我很佩服赫胥黎讲的一句话，"人和人的差距，有时候比人和猿的差距还大"。

许：我记得这句话。

锺：这句话很深刻，这就是我锺叔河和郭嵩焘的差距。

许：我很早就看了您的"走向世界"丛书，其中有一本就是郭嵩焘的。那些古文看不太懂，就看了您前面写的介绍。

锺：郭那篇前言我是费了力气写的，我对他有感情，深深为他的思想震慑。而且他领悟力很强，严复跟他谈话，大量的时间、通晚通晚地谈，他在谈话当天记日记，上万字都保存下来了。严复向他介绍西洋的科学、介绍西洋哲学思想的发展，从希腊苏格拉底谈起。他一次的谈话能记录到那个水平很不简单的，他是第一次接触这个东西。

许：所有这些人物里您最佩服谁？

锺：我讲老实话，我并没有什么很崇拜的人，在湖南来讲，我很佩服很喜欢郭嵩焘。我觉得他在思想上先知先觉，他是真正的先知。因为他谈到最后一句话，就是重新学习西方。

许：郭嵩焘看到新的世界，回来把这个讲给当时的士大夫听，没有人相信他，他回来变得很孤立是吧？

锺：很孤立。

许：我看《郭嵩焘日记》，他回来之后还推广健身运动。

锺：人们都讥笑他，笑他打洋拳，都讽刺他，还去烧他的房子。我的父亲都反对他，读书的时候长沙来了洋船，就拿砖头去砸。任何地方都有先知，都有不满分子。很强的就会冒尖，就压不垮，像魏源、谭嗣同这些属于压不垮的，就更厉害了；像郭嵩焘也冒尖了的，毕竟有著作，但是他的日记没有公开发行。他原来搞了一个节本，只讲他到英国这一段旅行，印了之后朝廷就否定他，认为他是大逆不道，他说西洋看中国"亦犹三代盛时之视夷狄也"，讲中国亦犹夷狄，就触动了士大夫的心肝。

这个世界的文明，所有的人，本能要追求更好的生活，这不是善与恶的问题，是个本能。当然这个本能不可能只顾自己，要牺牲大多数人、剥削大多数人，那是不对的，大部分人不会是这样的。人要不追求过更好的生活，北京猿人就不会变成人，他目的是发明工具，减轻自己的劳动，用手臂去撕兽皮很难撕，拿尖锐的石头去割，比爪子快一些，就发明工具，动物不知道发明工具，还是用自己的牙齿去咬。

许：像您开始读书的时候，可以说是中国文化开始陷入最低潮的时候，从 19 世纪开始，中国人开始反思自己的文化、传统有问题。

锺：我不同意你刚刚说的，不一定说那个时候是中国文化最低谷的时候，不一定的。

许：或者当时人是这么觉得。

锺：是我们这么说，说那个时候的文化是最低谷。不一定的，我认为那个时候应该是最活跃的时候，而且中国的文化，就是没有后来这些因素掺杂进来，它也会更新的，也到这个时候了。中国传统文化、本位文化，原来在历史上也不是从来没有动过的。印度文化来也是一次大的外来文化冲击。中国没有一部旧小说里面没有写到和尚的，对吧，就说明原来没有的后来也有了。后来的所谓南宋理学也是印度文化影响而来的，才有了所谓气、理这些东西。

许：所以您觉得19世纪开始的转变，它需要一个更长的时间，慢慢中国文化会自我更新的，就像当年佛教进入中国一样。

锺：中国现代的变化就是太快了。物理学上有一个东西叫做波，波的波峰和波谷之间高度相差很大，但是我们的波段被压缩得很短，别人正常几百年完成的过渡时期，我们把它压缩到几十年，这样的话就会出现很多不正常的现象。有些人讲话讲过头了，好比钱玄同讲四十岁以上的人都应该枪毙，这个肯定是讲过头了。鲁迅最讲过头话的，好比他在《青年必读书》中说"我以为要少——或者竟不——看中国书"。

许：我们都是受这个话影响的。

锺：都受这个影响，我也受他影响的，都崇拜过鲁迅，对不对？

许：对。

锺：讲得痛快嘛，但是这话讲过头了。当然中国的文化肯定是有很多问题存在。培根讲过一句话，"伟大的哲学始于怀疑，终于信仰"，怀疑是根本，这个事情可以说是我受到周作人的一些影响，因为周作人就质疑。

好比中国人认为囊萤映雪可贵，说读书人勤快，这都是不可能的事情，把萤火虫照着读书，白天不读书跑到山上去捉萤火虫，捉到了晚上读书。这不是笑话吗？

许：您也是一颗怀疑的头脑。

锺：我只是觉得，有些不合理的地方需要去讲，其实我讲的是常识。中国近代以后我们一直在谈科学、进步、强大，但是对于常识是谈得很少的。我想，一个社会和一种文化只要讲常识办事，能够按照情理办事，就会比较少折腾，大家都比较好办。

好比按情理，你来访问我，我也愿意跟你见面，就有这回事。那就正常进行，我是怎么生活就怎么生活。我女儿说，你穿这条裤子不好看。我是穿这条裤子的，就算你没来，我也是穿这条裤子的。我去扮一个什么东西没什么意思。

也有一些人很喜欢出风头，到处去扮，当然他也有他的自由，另外，扮一下，你让别人高兴也是很好的事。但是有很多事就是这样的，一旦变成了表演的要求，那就不一定都是那么合情合理的。有很多是一些笑话，笑话搞过头，笑剧就变成了悲剧。

许：您从小就这么细心吗？会在意每一个点？

锺：这样说，就是我自己吹自己了。第一我并没有很好的学问，我认为一个人的才能，就是按照写《史通》

锺叔河

饭还是要吃的，书还是要读的，要我们死我们是不得死的

135

的刘知幾讲的所谓"才、学、识"三个字，才是才能，学是学问，识是见识，其实这三个是不能分割的，都有联系的。

知识分子如果我们分类，可以分成三个大部分。最大的一个部分是教师，我认为作为老师来讲，最重要的是，要懂得多一点。传道授业解惑，其他的素质当然应该要有，但是最重要的是以"学"见长。

作家不必要很有学问，物理和地理不懂也没关系，数学不知道，英、史、政、地做不出不妨碍他成为作家，成为诗人，这是知识分子里面应该算是比较精英的一部分，他们最重要的是"才"。

像我们这些搞传播的、搞媒体的、搞信息的，这占很大一部分，新闻和出版都不是学问，我也并不认为可以创立什么编辑学新闻学，这反正都是过高的要求。它是一个职业，并不需要学者，也并不要什么很大的"才"。编辑把他的书印好，记者采访好，搞好报道，这在社会来讲，他就是个很成功的人了。但是作为知识分子，我认为，对于人类、对于社会是要尽职的，编辑和记者都是公共知识分子，要有社会感，我要关心社会，参与、变革这个社会，这是更高级的。所以这一部分人，我认为最重要的素质是见识。

许：您怎么评价自己身体上的"才、学、识"？

锺：我是没有什么才的，六十分吧，就在及格线上，我也不能说我很笨，那属于过谦，没什么必要。

"学"打六七十分吧，因为不可能有"学"，英文不懂得。你英文可以考六级，我英文只能够查字典，现代不会外文，就不是完全意义上的知识分子。我认为是这样，因为你不了解水平动向。但是"见识"我认为我还有一点，应该可以打到七八十分吧。

就是说，我求知的心甚浅，不能成为学者；求道之心更少，不能成为信徒。这也是周作人的话。

许：当时您读到周作人是什么感觉？

锺：我喜欢周作人的文章，所以做苦力的时候才写信给他，他也认为我能读懂他的文章，才给我回信。那时候是最苦的时候。[1]

[1] 1963 年，在和锺叔河的交流中，周作人给了他这样一段话：
在一个短时间内，如我们愿意，
我们可以用了光明去照我们路程的周围的黑暗。
正如在古代火炬竞走——这在路克勒丢斯（Lucretius）看来，
似是一切生活的象征——里一样，
我们手里持炬，沿着道路奔向前去，
不久就要有人从后面来，追上我们，
我们所有的技巧，
便在怎样的将那光明固定的炬火递在他的手内，
我们自己就隐没到黑暗里去。

锺叔河
饭还是要吃的，书还是要读的，要我们死我们是不得死的

当然真理有可能早过时代，
但是寻找真理与时代限制无关

许：其实某种意义上，您的人生是从四十多岁才真正开始的。

锺：我做出版是 1979 年之后，但是思想很早开始了。你今年多大了？

许：我四十五岁。

锺：还有将近五十年到我这个年龄。我是没有满十八岁就参加工作了。

许：您从二十岁到五十岁之间，最好的三十年时间，都在搞各种运动，会懊恼吗？这一代人经历这样的事。

锺：这没办法，也不会很懊恼。为什么？因为并不是我自己主动造成的事，是被动的，我比起很多人来说还是幸运的，幸运的一点是父母给我的身体不是很糟，我经受过来了，没有倒下去；如果经不起打击，人就不能认真做什么事了。判刑十年，倒是我思考得比较多的时候，世界的问题，中国的问题。劳改犯也是最有时间的，对吧。你想去改变外部环境是改变不了的，但是至少是可以思索，思索对于自己最重要的是些什么。

许：您觉得自己是靠什么东西熬过那个时间的？

锺：我也没有靠什么。我以前年轻的时候也不是一个很安分的人，比较调皮，给人带来很多麻烦，这都是我自己，一自责更加难受。

许：您不觉得调皮保护了您吗？

锺：我调皮比较有名的例子就是那本《查泰莱夫人的情人》。那个时候我在一个街道工厂拖板车，在一个旧书店碰到这本书，别人拿在手里，我就伸手拿过来了。他说："我要买的，你怎么抢我的书？"我说："我不跟你争着买，但是我问一问书店的营业员。"

我拿这本书走向柜台，我问营业员：收购旧书是怎么收购的？他说你看嘛。他指着墙壁上，有张纸写着"收购旧书规则"。其实我早就看了，我故意去问的。"居民来卖旧书凭户口簿，工人干部来卖旧书凭工作证，学生卖旧书凭学生证。"我说这一条你们规定得很不对，学生有什么旧书卖，课本你们又不收，对不对？

学生的旧书就是偷家里的书，我说这本书就是我的小孩子拿出来卖给你们的，你们凭学生证买的。他说那我们管不着，你有意见呢就把意见簿拿来跟我们领导提，你写在上面。我说我也不跟你领导提意见了，你这个标价一块钱，我拿一块钱买，作为我没有教育好小孩子付出的代价，行不行？他说那可以。原先那个人说我也要买，那个营业员就站在我这边了，他说这你应该让他买，这是他家里的。我就买了这本书，这个事一般的人不会这样做，但我目的是要那本书，我还是出钱买，我认为我这样做也无可厚非。后来（20世纪80年代）这本书还重印了，上面不批，说你古籍出版社，怎么印翻译小说？朱正说给我去印，我便给了他，我的条件就是书你拿去印，我要一百本书送人，因为很多人都要借我这本书去看。

但后来这本书出了问题。九块多钱一本，我说我要卖九十块钱一本，你印三万本要犯错误，我只印三千本。我先不卖书，我印这个书我就先发函，发给各个单位，我说我这个书是印给内部参考。

这一类的调皮事我经常搞，我不是一个很听话的人。当然《查泰莱夫人的情人》不能够定位为淫书，它是世界名著。我们经常有一些误解，我们有很多误区。当然真理有可能早过时代，但是寻找真理与时代限制无关。

许：我觉得你这个自由自在的性格一直保持住了。

锺：我不喜欢藏着掖着自己的观点，新中国成立前，我是八月份参加工作的，大概是九月份发生了一件事情。就是中午休息的时候，我在办公室里朗诵何其芳的诗：

你一定来自那温郁的南方

告诉我那里的月色　那里的日光

告诉我春风是怎么吹开百花

燕子是怎样痴恋着绿杨

我将合眼睡在你如梦的歌声里

那温暖我似乎记得又似乎遗忘

许：真美。是不是您一读这个诗，当年那个景象全都回来了？

锺：是，我很喜欢那个情调，它有什么不健康的东西呢？那时候有个南下的科长，他正好到办公室来了，便说，你念什么东西，念得这么摇头摆尾，精神这么好，为什么不多读几遍《论白皮书》呢，为什么不学习文件呢？搞得大家作鸟兽散了。

那时候看徐志摩、郁达夫都是问题，更不要说看周作人了。后来这个科长找我谈话说，锺叔河你什么都好，你完成工作任务是很好的，你的家庭也没有问题，个人历史也没有问题，但是你有一个大问题。他说你的大问题是不靠拢组织，你从来不向组织汇报自己的思想，也不汇报别人的思想、别人不好的现象。我的确不习惯去汇报，我觉得不应该去管别人读什么书。我父亲他读过八股，而且考上了一个佾生，我最感激他的一点是我看什么书他不干涉。

许：小时候您父亲给您讲锺家的传统吗？

锺：很少讲，他只讲他如何孝顺他的父亲。

许：就讲好的。

锺：他讲他对父亲很尊敬，但他并不吹棒，他说他的父亲不大做事，原来做事做官的时候完全靠他的哥哥，这个我相信。他讲他父亲后来拿了钱在长沙开了个旅馆，目的就是为了玩，每天晚上吃花酒、打牌，这个旅馆他自己不经营请别人经营，最后这个旅馆就变成那个经营者的产业了。但是他自己的儿子、就是我的父亲读出来了，又可以奉养他了。他最后留下八个字，是我父亲告诉我的，叫"守业弗失，有子成才"。

许：很自得的一生。您父亲会讲到上学时他认识的蔡锷这些人吗？

锺：会讲一点。他说他自己不努力不刻苦，"我的同学"——这一点他是骄傲的口气讲的——"（我）武不如蔡艮寅"，就是蔡锷。"文不如范源濂"，他当了教育总长，"做学问不如杨树达，搞政法不如章士钊，他们都很成功"。

许：同学都太厉害了。

锺：他说，我是碌碌无为，你们不要学我的样，要以我为戒，自己要搞一门学问，不管怎么样，要做出一点东西流传后世，不要像我这样庸庸碌碌过了一生。他是这样讲的。在他的影响下，我进中学后，就试着给报刊写稿了。

许：您当时写的什么文章？发表的第一篇是什么？

锺：第一篇好像是一组诗《牢狱篇》，我现在还留着剪报，我是发现班上有一个同学的文章在报上登出来了，我觉得他的能登，我的大概也能登，这样才开始写。《牢狱篇》的第一首是《窗》：

窗
安放在
坚实的牢墙上

从窗中
每天有受苦然而倔强的眼睛
永恒的在守候
窗
是狭窄的
而窗外
有着广阔光亮的明天

有窗

囚犯们

就有希望

许：那时候最想做什么呢？

锺：初中的时候我的理想是去学植物学，高中以后读了一些书，又想学考古。原来也没有想在报社干一辈子，当时到报社去是因为一个女孩子。她已经去报名了，说你去不去，我就马上去了。后来报社批评她，她就跑到新疆去了。

等到"反右"，那时候还以为会让我去读大学，没有想到后来搞得那么严重，开除公职，送劳动教养了。开除后先是在街道上拉板车，穿一件那样的雨衣。在搬运队也干过一段时间，工厂里就是每天送货进货。

许：那时候有没有心里很难受？

锺：难受，但只是肉体上难受。无非是流大汗，晚上睡在床上一身痛。内心没有什么难受。第一，毕竟年纪很轻，没有病。第二，当了"右派"被管制，在街道上，工厂里面，倒没有什么，老百姓并不歧视我们，因为我们并不使人讨厌嘛。而且我自己认为我也还够调皮。

我能够做手工。我经常讲，如果在一个真正自己选择职业和人生道路的制度下面，我可以成为一个比较好的工匠。我在吴宓的日记里看过一段话，他们民国初年在美国留学的时候，在一起的几个人谈话，陈寅恪发表一个意见，万不可以自己的学问为职业。这句话的意思是什么？如果说你以学问为职业，那你就得有老板，这个老板或者是国家，或者是资本家，或者是同行里面的把头，或者就是你的老师，那么你就得听他的话，你的学术研究就不可能是自由的。我原来的确觉得，我做好一门手艺，养家糊口，再去干自己想干的事，这个生活是蛮惬意的。没想到在现实世界，变成强迫你去做，或者说我必须做这个东西，不做就没有饭吃，这个乐趣就会减少。

许：现在我们都没有这种乐趣了，我们现在就上淘宝买，点一下，就可以送过来了，没有这些手工的乐趣了，好可惜。

锺：做手工本身是一种乐趣。看古代的记载，那些匠人的待遇不会很低的。

许：所以最好让您去明朝末年做一个厉害的匠人最开心是吧？再组一个戏班子。富兰克林就是印刷工人。

锺：是的，爱迪生地位更低，但后来爱迪生的发明成功了，很有钱，他就没读什么书。其实我们真正的爱好是读书和写一点文字就够了，不要以文字谋生，不要使文字成为我唯一的谋生来源，那样就要向老板折腰了。

我不是有勇气讲所有想讲的话，
但我绝不讲一句我不想讲的话

许：要是我二十多岁时碰到您，和您在家里聊天，肯定好玩死了。

锺：现在觉得时间不够了，所以我还是想争取把自传写一下，今年之内，我想把自己的文集全部编完。

许：编文集是什么感觉？看到自己这么多年写的东西，一本一本放在这里，是什么感觉？等于是看到自己一路走来。

锺：跟种田一样，这是自己的谷子，是看重的。我自己的文字我也还喜欢，至少我很少讲别人讲过的话，我只写我自己所知、所感、所思。我也不去讲别人要我讲的话，我不是有勇气或者有可能讲我所有想讲的话，但是我绝不讲一句我不想讲的话。讲自己的话，才能自由地想，才能接近事实。

许：编这套"走向世界"丛书又是什么感觉呢？

锺：我编"走向世界"丛书是因为我要记录中国人

走向世界的脚步，我认为这个脚步是特别迟缓、曲折、迂回和艰难的。因为中国的传统重担特别沉重。中国有悠久的传统文明，这一点是我们应该用骄傲的口气来说的，但正因为我们是这样，正因为我们是大家子弟，所以这种文化自我复制的能力特别强，它的惯性特别大。物理学上讲的，体量越大的东西惯性越大，我们十几亿人口摆在这个地方，那么多典籍摆在这个地方，这个体量够大的了。所以这种国家的更新、革新、改革，会是特别艰难的，它不会在一两代人之间就很轻易地完成。所以，我觉得这些书虽然是百年前的作品，但现在也还是它们所摸索的进程的继续，那个过程并没有终止，也没有圆满地到达终点，它也不会有终点。他们有时候的一些苦恼，他们的一些摸索，他们的一些徘徊，对于我们现代的人，还有直接的意义。我认为我们现在的很多人，包括我自己，还没有达到当时他们最高的水平。

许：那您会有某种挫败感吗？就比如说我们一直在摸索，但结果一个多世纪之后，我们也没有提高太多。

锺：没有。我们一个人一生算得了什么，对吧？像我这样的人，自己没有什么显赫的家世，从来就对自己没有什么很大的理想，读中学时就说"平生无大志，只求六十分"。

许：我很喜欢这句话。

锺：但是我有一点，就是我希望能够自由地看书，看我想看的书，自由地说话。不久以前我在找这些老照片，找出一本，就在我写信给周作人之后不久的事。我被抓去坐牢以前，我们四个人，包括朱正在内的四个人被称为一个小集团，有个叫张志浩的找到了一本郁达夫的诗集。又有个人叫俞润泉，一个通宵还是两个通宵，白天要干活，他就通宵复写了四份，那么厚一本。我记得当时这四份给我们四个一人一本拿在一起看时也是很高兴的。俞润泉还在我的书上面写了几句题跋，"锺生日行于市，欲觅奇书，虽大饼之堆于前，粮票之垒于侧，亦无此乐也"。所以当了"右派"也并不是说天天愁眉苦脸，等着死，不是那样的，那样是活不到现在的。原来我跟朱纯（妻子）说，"饭还是要吃的，书还是要读的，要我们死我们是不得死的"，这是我的原话，确实我是这么想的。

许：和我们讲讲您架上的书吧。

锺：这是套《四部备要》，中华书局在新中国成立后印的，它的内容就是中国古代的经史子集。我没有通读它，也没有办法通读，但是有时候要查。

许：《清实录》您翻看过吗，我以前翻过，我就读不进去。

锺：通读没有读的，读不下去的，大量都是原始文

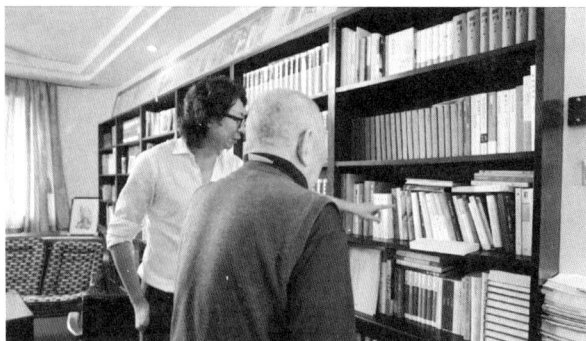

书记是要看的，笔记是要的，
要我们死它不会死的
"右派书"在1960年

件。好比鲁迅和周作人的祖父的判刑，材料、档案都在里面。

许：这么细，他祖父这么小的案子也有。

锺：是科场案，判得很重，斩监候。

许：《春风沉醉的晚上》，特别那个年代的感觉。

锺：这些书就是后来乱放的，我并不藏书，都是必须要用的书。

许：但是您也读很多西洋小说。

锺：那些自己就没有保留。读小说主要是新中国成立以前在读高中的时候，当学生时读的。

许：这个是什么？

锺：这是钱锺书先生写给我的一首他在湖南时作的诗。他在蓝田，国立师范学院，也就是他写的三闾大学。那时候我在读初中，我的英语老师就是他的学生。

许：等于您是三闾大学教授的学生的学生。

锺：那时候我听到英语老师在家里谈他的故事，他也许讲了名字，但是我们小孩子根本不记得什么钱基博、钱锺书，只知道他讲过他的英文老师和中文老师是一对父子，父子在讲台上互相贬低，儿子就说老先生的学问是有，但观点陈旧；老先生就说儿子是"野狐禅"，当然那是开玩笑。但是就说明个问题，要有自己的观点。我虽然对钱先生非常尊敬，但是我并不认为《围城》有很高的水平。

许：您觉得他最高水平是什么？

锺：《围城》在我心中的地位还不如《宋诗选注》，因为《宋诗选注》有他对宋诗以及中国的诗、中国文学艺术的见解。

许：如果您对年轻人有意见或者建议的话，成为一个人最重要的是什么？要坚持什么？

锺：首先，我没有什么资格可以向年轻人说教。因为作为个人来讲，不论从什么意义上来讲，我都不是一个成功的人，我的一生是很坎坷的，我也没有更多的经验可谈。我平常翻来覆去讲得比较多的就是如果有可能，多读一些书，多看一点书。我认为，书读得越多越好，也没有什么建议应该读哪一类的书、要读谁的书。我认为，只要是书便可读。有些是不能称之为书的，关于这个我们就不再展开去谈了，书多看总是有益的。当然看书也还是要动脑子，不完全是眼睛的劳动。中国有一句老话，"学而不思则罔，思而不学则殆"，原来在国立师范学院的时候，这里的师生办过一个刊物叫做《学与思》，这个名字就是从这句话来的，取得很好，多看书只能算"学"，但是还要去"思"。

所有的历史，都不会按照公式去进行，每个国家和每个人是一样的，都有它的个性，走的都是特殊的道路。

有一些时候，一些偶然的人，或者偶然的事情可以影响历史几百年，这是我们做不了主的事情。好比我生来是锺昌言的儿子，这个我是没有选择的自由的。你还很小，到我这个时候还有四五十年，你还会看到很多东西。而且我认为它是一个加速度，历史的变化不是匀速的运动，而是加速度的运动，将来你会看到很多变故，也会经历很多事情，到那个时候你会回想起今天我们的谈话。

许：一定会想起来的。你们都问问吧，年轻人，问问人生困惑。来吧，小孩子都问问。

女生：我想问一下锺先生，我会感觉这两年我自己、还有好多我的朋友们好像都会有一种无力感，面对一些事情或者是整个世界的变化，好多事情你觉得不对，但是好像又确实没什么对策。

锺：我有一个基本观点，社会的文明和社会的开放的程度，毕竟还是在慢慢进步的。但是我们这个国家正因为传统悠久，有可以自傲的传统文明，所以它的保守性也是特别强的，我们走向全球文明的道路会是一条漫长曲折的道路。想从根本上解决这个问题，还是要使所有人的思想现代化起来。讲起来会发现，有人觉得读了大学、又读了研究生的人的思想当然是现代化的思想，那不见得，我自己的体会是如此，不一定。回到最早一批走向世界的人的口号，其实并没有过时，梁启超讲的

"作新民"是要提高全民的常识和理性。

我记得朱正跟我说过一句话，他自己不一定还记得。1957 年"反右"以后，接着搞过一个运动叫"除四害"，每个人每天要交上多少蚊子、苍蝇。朱正和我两个人在一起就说，这种事作为全民运动是没有任何意义的。不上班，大家晚上都不睡觉去捉蚊子、捉苍蝇，捉不完的，蚊子滋生的环境没有改变。另外一个人就说，我们现在这些人，如果有一半的人像我们这样认识，这个运动自然没有了。我认为这个话就说到了点子上，我不可能去反对这个运动，我不动可以吧？我装病，我病了，我睡在床上，不上班。假如我们都有这个认识，我不干这个事情，全国人民都不干，自然就干不了。这里有些人不仅是干，而且他还更积极，领导讲消灭一个，他还要消灭十个。有这样的人，就是这样的现实。这有什么办法，就要尽力去启蒙。我讲一句真心话，我写的每一篇文字，哪怕是一则短文，我都是希望能够尽量起一点作用。当然，我的水平只有那么高，我的文笔只有那么好，不可能起到很多作用，但是，我是朝着那个方向在努力。我没有任何经济压力，我不需要赚钱，家具不要更新，我的衣裳也不要更新了，我穿不烂这件衣服了。

钱理群

想大问题，做小事情

钱理群

1939 年生于重庆

1956 年考取北京大学中文系新闻专业

1960 年本科毕业后离开北京，前往贵州安顺，先后在卫生学校、师范学校任教

1978 年考取北京大学中文系文学专业研究生

1981 年获文学硕士学位，留校任教

1997 年任北大中文系教授

1998 年被北大学生评为"北大十佳教师"之首

2002 年从北大中文系退休

主要著作有《周作人传》《心灵的探索》《中国现代文学三十年》《我的精神自传》《岁月沧桑》《丰富的痛苦》《大小舞台之间》《1948: 天地玄黄》《与鲁迅相遇》《鲁迅与当代中国》等。

似乎是 1997 年秋天，我第一次去听钱理群的公开课。应该是二教的一间阶梯教室，两百多人拥挤其中，楼梯窗台上也散落着学生，来自不同科系，主题有关鲁迅与周作人。我坐在最后一排，远远地看着他，内容早已忘记，只记得他声音洪亮、手舞足蹈。他是北大的传奇人物，比起其思想与研究，他的人格力量与生命体验，更加触动人心。

不知为何，钱老师常令我想起艾伦·布鲁姆（Allan David Bloom）。这位芝加哥大学的教授，在 80 年代中期写作《走向封闭的美国精神》，讲述高校的精神危机，年轻人不再对古老传统发生兴趣，不再被伟大的思想激动。对我而言，钱理群在很大程度上激活了鲁迅，让他重新和我们发生关系。

作为一名中国知识分子，钱理群经历的磨难与思想的沉重性，是艾伦·布鲁姆无法想象的。他是 20 世纪重要的见证者之一，并自觉性地去思索、记录这一切。从北京到安顺，我意识到钱老师的另一面，在失控的命运中，他总能找某种着力点，不断重新自我发明。他乐观、活力四射，也总受到隐隐的折磨——他想成为一个世界级的思想者，却受困于知识、思想训练的不足。因为在他心灵最敏感的时刻，知识与思想是一种罪恶。

我注定只能是一个过渡人物

许：钱老师好，好久没见了。

钱：好久没见。今天多少号？

许：9月28号。

钱：在养老院里过日子就没有时间的概念。你来过这儿吗？

许：没有，我第一次来。

钱：那你进来看看。这是崔老师的房间。

许：保持没变是吧？

钱：完全保持不变。这是我们的结婚照，在安顺的时候拍的。这是他们在燕园的合唱团。这是她自己安排的遗像。

许：好像她还一直在这儿，没有离开。

钱：完全没有离开，我现在每天和她对话一次。你看这儿，一大堆娃娃，我们喜欢娃娃，到处都是娃娃。

许：是不是很年轻就开始收集了？

钱：这是我们到全世界各地旅游的时候买的。你来看我的房间，也是我的书房……这是我的两张照片，显示我性格的两面。这张像弥勒佛一样，这张是沉思状态，很严肃。

许：好像背负着很多责任。这两张照片互补。对了钱老师，想和您看一个小片段，《三毛流浪记》，您演那个小少爷。

钱：你们找到了这个。是是……我本来可以成演员的，新中国成立初期参加了宋庆龄的儿童剧团[1]，到处去演出。如果我一直留在上海，说不定就是一个演员。

许：您现在对当时的上海或者说民国时代还有印象吗？那时候还只有十来岁。

钱：还是有一定印象。后来我比较容易接受了新中国，其实有它的背景。当时在上海，美国军队名声很坏，吉普车在街上横冲直撞，就引起我们这些孩子的反感，这是一个原因。另外我印象最深刻的就是，我去上学，在路上碰见了解放军，全部在马路上睡觉，不扰民，就觉得这是另外一个世界，跟国民党后期形成极其强烈的对比。当然还有一个主要原因就是我的哥哥和姐姐都是地下党或者新四军，本来就跟革命有一定联系的。

---

[1] 指宋庆龄于 1947 年创办的中国福利会儿童艺术剧团，这是中国第一个儿童剧团。

我后来分析，我们这一代，就是 1930 年代这一代，有一个特点，我们有金色的童年，后来一代就没有了。新中国成立初期搞土改搞这个那个，但是从我自己的感受来说，中小学像是做梦的年代。我印象很深，每到星期六的下午，我就和同班两个好朋友到南京的玄武湖，荷叶深处，躺着看天，同学画画，我就写童话。这真是梦幻中的童年。中学我读的是南师附中（南京师范大学附属中学），这个学校是相对贵族性质的，学生基本上是高校教授的子弟或者国民党高官的子弟。1949 年以后，大量农村孩子进校，教育政策倾向于工农兵子弟，但同时对这些高级知识分子的子弟也并不排斥，所以学校里这些所谓上层社会的子女和底层社会的子女之间是很融洽平等的。我们的老师素质也非常高，当时我受的教育是比较健康的。所以我的人生有一个光明的底色，我后来很多的表现都和这有关。

许：在您的童年，父亲基本上处于不在场的状态，父亲的缺失对您有什么影响吗？

钱：我的父亲是国民党官员[1]，整天忙着工作，很少回家，加上我当时也比较小，对父亲没有留下什么印象。

---

[1] 钱理群的父亲钱天鹤（1893—1972），我国现代农业科学的先驱者。台湾光复后，对恢复和发展台湾农业发挥了重要作用。1949 年去了台湾。

唯一的印象就是大概 1948 年，我九岁时，有一天他带我到面店里吃馄饨，吃完之后，他不知道为什么长叹一声，然后我们就走了。我就只留下这样一个很淡的印象。但他的存在决定了我的命运。

1949 年以后，我们家立刻遇到如何对待父亲的问题。有两件事对我刺激很大，一个就是当时母亲的寝室里挂了一张父亲的相片，我哥哥是党员，因此受到严厉的批评，母亲就被迫把父亲的相片给取下来了，这件事对我刺激很大。更主要的是，在我十四岁的时候，我要求入团，当时我是全校品学兼优的好学生，但就是不被批准，要求我和父亲划清界限，在党和父亲之间做出选择。我对父亲没有什么印象，但是要跟父亲划清界限，这是非常残酷的一件事情。我当时选了团员，但内心非常痛苦。后来去贵州的时候，我带了一张父亲的照片，藏在箱底，从来不拿出来。在贵州那样一个孤独的绝望境界里，好像父亲在，对我有一些支撑。结果"文革"中这张相片被抄出来了，成为我的一大罪状。后来平反的时候，照片还给了我，我几乎没有犹豫，就把它给烧了，因为我觉得这给我带来了无穷的祸害。当时旁边有一个学生说，钱老师，父亲的相片你烧它干什么？我一下子醒悟，我这一生犯的最大的罪孽就是亲手烧掉自己父亲的相片，这个成了我一生中最大的痛苦。所以后来我和崔可忻决定不要孩子。因为我们是"文革"后期结婚，不知道这个时代什么时候结束——当时的准备是很长期的，就想，家庭出身问题就到我这代结束，不要传到下一代去。

许：您母亲当时如何应对这一系列的变故呢？

钱：我的母亲是个伟大的女性。她父亲是浙江乡绅，属于维新派，给我母亲延请英文家庭教师，所以我母亲既是传统女性，又是现代女性[1]。她原来是养尊处优的官太太，从天到地的转变，她从容应对。我对她的印象就是：整天织毛衣，一切都不说，所有的事情都顺从。她始终默默地支撑这个家。后来父亲通过很多人想和她联系，她都拒绝，从此绝口不向我们、不向任何人提父亲，一直保持沉默。到临终的时候才说一句话，我这一辈子总算没有连累你们。这非常了不起，一个人承担着所有的历史。

许：这太了不起了！太了不起了！

钱：是不是？"文革"时候，我们家对面就是一个中学，所以那些学生很容易就到我们家来造反来了，但

[1] 钱理群的母亲项浩（1900—1974），为近代著名维新派人物项藻馨长女。项藻馨（1873—1957），字兰生，杭州人，1901年与人联合创办《杭州白话报》，1902年创办浙江安定学堂（杭州第七中学前身），同时兼任浙江高等学堂（浙江大学前身）校长。曾任大清银行书记官、中国银行副总裁、浙江兴业银行董事、上海文史馆员等职。

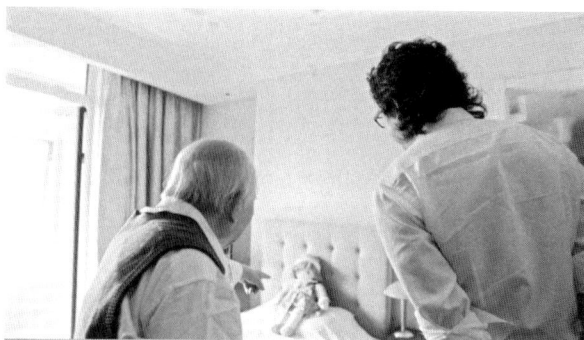

是居委会的人堵住了，说这个老太太是好人，你们别去。

许：您的性格受她影响大吗？

钱：我不是很强势，但有一种内在的坚强，这个受她的影响。

许：您什么时候开始对外祖父他们那些浙江乡绅维新派的故事感兴趣的呢？

钱：我外祖父跟梁启超一样大，1873年生，他身上的浙江乡绅传统对我的影响很大。他们那一代人是最早接触西方的，所以有维新的思维，而且直接介入银行、铁路这些重要的民生领域，但是他们又有中国传统士大夫的那一套。

许：他们代表20世纪非常重要的中国知识分子经验。

钱：对，新型的乡绅。

许：他们骨子里还是挺乐观的，对未来有某种信念，是吧？

钱：那时候中国工业刚开始，他们属于开创的那一代人。像我外祖父，浙江兴业银行就是他开创的。我觉得他们的精神基本是向上的。

许：您这一代算不算承受了最多痛苦和苦涩的一代知识分子？

钱：经历比较曲折，但也不觉得很苦。当然有很多人把知青浪漫化，把苦难理想化，这我不赞成，苦难就是苦难，绝对不能美化，但可以将苦难转化为一种新的力量。只是做这种转化的人很少，因为大部分人是两种态度，一种是被压垮了，还有一种是极力把苦难忘掉。比如我有很多朋友，他们离开贵州之后，永远不会回去，就像把那段经历切除一样，这其实很可惜的。

我对苦难的态度是，既不被它压倒，也尽量不把它遗忘，相反，努力把苦难转化成一种思想资源。但这需要高度的自觉，的确不是所有人都能够做到的。

许：您的这种自觉是到北大以后有的，还是当时在贵州的时候就有了呢？

钱：在当时就有了。我这个人，什么事都是高度自觉的。这里可以讲一个故事。1960 年，我去贵州，是半自愿半被迫的。一方面这显然是对我的惩罚——我这种家庭出身，但另一方面，当时我受的教育是，越艰苦的地方越能够发挥自己，老在北京这些地方待着，发挥不了，到贵州那些个广阔天地，可以让我自由地发挥。当时我是抱着那种期待去的，有点理想主义。

结果刚到贵州就给了我当头一棒，人事处和我说，"贵州是个大山，你进了大山就别想出去了，你这一辈子就待这儿"，一下把我打蒙了。我被分到卫生学校教语文，那里的学生根本就不重视语文。我印象非常深刻，第一次站在课堂上，看到讲台上竟然放着骷髅头标本，我心想：这怎么讲课啊？

当时就处于一个两难的境地，留也留不住，走又不让走。那我怎么办？我想起一句老话，"狡兔三窟"，我就搞"两窟"，一个近期目标，一个远期目标。不管当时对我有什么样的限制，至少讲坛还是属于我的，没取消我的老师资格，那是一个缝隙。所以我的近期目标就是：在学校，我要当最受学生欢迎的老师。人如果完全没有现实目标，只有理想目标的话，是很难坚持下去的。你必须有一个可以实现的目标，才会带来一种成功感、意义感，才能够活下去。但另一方面，如果只有现实，没有理想国，最后就有可能被现实吞没。所以我还有一个远期目标：我要研究鲁迅。而且具体来说，总有一天，我要回到北大的讲坛讲鲁迅。那时候，这是一个非常大胆的梦想。

为了这两个目标，我采取了两项措施，一个是我搬到学生宿舍，和学生同吃同住同劳动。学生们开心得不得了，在贵州山区里，哪有像我这种从北京大学来的老师，天天和他们打成一片的？所以很快我就成为这个学校最有影响的教师。等学生全部睡觉了，我又回到办公室，坚持鲁迅研究。这一坚持就是十八年。等了十八年才有机会。改革开放以后才允许我考研究生，我当时已经三十九岁了，得到消息的时候，我只有一个月的时间准备功课，但其实我准备了十八年。

许：十八年，这么长的时间里有很绝望的时候吗？

钱：那非常简单，我到任何一个单位都是三部曲：刚去的时候很受领导重视，因为我很能干，又努力；然后很快，我的性格脾气来了，对单位不满意，对领导不断提各种意见，得罪领导；最后，被打压。我在任何一个单位都经历这三部曲。另外一个很大的问题，就是没人敢和我谈恋爱。那时候流传一句话，钱理群，可以和他交往，但是绝对不能和他共同生活，他是一个很危险的人——因为我是这种出身，但是又这么样的反抗、不驯服，影响又这么大。这是一个很大的困境，但好在，我有这些学生。我跟贵州这批学生的感情是不一般的，去年崔可忻去世，贵州多少学生都来看我，我当年就是靠他们这些青年支撑，天天和他们在一起玩，从这当中得到一种满足感。我这一生，我总结一个经验，就是和青年保持密切联系。

许：现在回想，在贵州的经历对您有哪些影响呢？

钱：在贵州，我和三教九流都打过交道，包括地痞流氓土匪，这使我的人生阅历非常之丰富，这种阅历后来形成了我的人生信条：人不能世故，但必须懂世故，懂世故，才能对中国社会有真正的理解。所以在贵州形成了影响我终生的底层关怀。如果我在北京，可能也会有一定的成就，但可能会形成一种精英意识，不会有这样的关怀，这些完全是贵州给我的。

另外，我们这个社会处在比较低潮的时候，我在贵州，天高皇帝远，那里反而有更大的天地，所以那时候我们的思想非常自由。

许：边缘带来的自由。

钱：我后来回北京，一点不觉得落后，发现北京讨论的问题我们在贵州早讨论过了。当然如果一直留在贵州也会有很大的局限，恰好我转移了。所以我的人生就是两头，一头是北大，一头是贵州，始终是在精英和草根，或者说中心和边缘，这两者之间自由地流动。

许：对这种边缘位置的确认，最早从什么时候开始比较明确？

钱：从我从事学术开始就很明确。我回来北大考研究生，就给自己一个定位——这是受鲁迅影响，那就是，我是历史中间物，我扮演的角色是继承前一代，同时为后一代开路。所以我的第一本书，《心灵的探寻》，里面的题词就是，"谨献给正在致力于中国人及中国社会改造的青年朋友们"，特别强调年轻一代，等他们发言了，我就退场了。我随时隐退，自觉地在一个边缘的位置。当然这也是对自身局限性有一个高度的自觉，我们这一代人只是一个中间物。

许：每个人都是中间物。

钱：每个人都是中间物。但我的人生确实是有缺陷的，一个根本的问题就是知识结构上的缺陷。我对中国的古代文化不熟悉，我曾经说我是"没文化的学者""没趣味的文人"，琴棋书画，我一概不感兴趣。你看我虽然研究鲁迅、研究周作人，但是我进不了他们的世界。因为他们有很浓的文人趣味，离开文人趣味，是无法理解他们两个人的。再就是我不懂外文，现在是全球化的时代，不懂外文，你怎么和世界交流？我对西方理论也不熟悉，根本没办法跟世界接轨。这是很大的问题。我的优点就是人生经验极其丰富，生命体验特别强，但是，在学术上，注定只能是一个过渡人物，你没办法完成历史给你的应该承担的责任。

许：但这种生命体验太珍贵了，这也是非常罕见的。

钱：我刚刚这话不是说自己没有作用，这背后是一种真正的自信。我是历史的在场者，我的任务是最大限度发挥这个优势。但你真正追求的东西，你达不到，所以只能是一个历史中间物。

许：这个局限会带来很大的苦闷吗？

钱：那当然了，以我现在所处的地位和条件，我应该成为大师，但是成不了，不是我不努力，是历史的局限造成我达不到。不仅我不是，周围的人都不是。现在看起来我影响很大，但对这种影响，我内心是很不自在的，因为我觉得，不是这么回事儿，现在的影响都是表面的，我真正想追求的不是这些。这实际上是我内心一个很大的痛苦，是一个隐痛。那就涉及一个非常重大的问题，我真正追求的是什么？

我曾经在《八十自述》一文里说过，我一生的学术道路分成三个阶段：1978 年到 1997 年是我的第一阶段，1997 年到 2014 年是第二阶段，2015 年之后是一个阶段 [1]。第一个阶段我的奋斗目标是成为学院派的学者，因为没有这个地位就没有发言权。到 1997 年，这个目标达成了，我成为北京大学的教授，而且是有一定影响的教授，对中国的问题就有一定的发言权了。

但是这个时候我就发现得付出一定代价。"北京大学中文系著名教授"——我说的话、做的事都必须符合这个身份。而且，作为讲授现代文学的教授，我只能谈现代文学，如果谈别的问题就是不务正业。它是一个面具，我内心的自由被束缚住了。另外，它还会带来巨大

[1] 钱理群在《八十自述》中谈到自己的学术道路时写道："经过十多年的观察与思考，认定中国社会和学术将进入一个更加复杂、曲折、严峻的历史时期，在 2014 年末，宣布退出学术界、教育界。2015 年 7 月搬进养老院，开始做'历史与现实的观察者、记录者和批判者'，更自觉地继承以司马迁为代表的中国知识分子的'史官'传统，做有距离的更根本性的思考，并以创建对现当代中国历史具有解释力与批判力的理论，作为自己的追求。"

的危险。我意识到，成为著名教授、掌握相当学术权力以后，自己有可能用权力来压制别人。

有这么一件小事。有一次博士生招生答辩，来了一个年轻的学生，他滔滔不绝讲他的一套理论。我一听根本就不是那么回事。我不断提醒他、打断他，我说你别说这些，但他还是要说。我就突然怒了，有意向他提了一些很尖锐的问题，搞得他惶恐不安。他很惊恐地看了我一眼。这一眼让我突然醒悟：糟了！老师问学生问题，本来是正常的事情，但是我显然在以一个居高临下的、权威的姿态压制这些年轻人。

这件事情对我来说是很大的刺激。我反省了很久。我好像得到了我想得到的一切，但却有可能从根本上失去我自己。我就想走出这个体制。所以1997年，我写了一篇文章，题目叫，《我想骂人》。实际上这是继承鲁迅传统。鲁迅说，我就喜欢在这里大喊，胡说八道，是吧？我觉得我应该继承这个骂人传统。所以北大百周年校庆的时候，我有意发表了很多文章。

许：我记得，那些文章影响非常大。

钱：我受不了学院那套东西，非常害怕学院让我远离现实和民众。退休后，我就进入中小学语文教育的领域，支援青年志愿者运动，并且介入乡村建设。这样一来，我的角色就变了，我要做的是学者兼精神界的战士。

这里有一个矛盾——像我们这一代，都有这个矛盾，就是做学者还是做战士？我有当战士的冲动，"文革"时期我就是民间思想部落的领头人，但是我对政治有点恐惧。鲁迅给我指了一条出路——你不是一般的战士，是精神界的战士，只从精神介入，不介入具体的政治实践和政治运动。所以鲁迅对我的影响非常深刻，每到人生选择的关键时刻，我能想到的就是他。而我这个精神界战士和别的精神界战士不同在哪里？我是以学术为背景，我的任务就是把学术资源转化成一种思想资源和社会资源。简单说，我实际上做的就是两件事：一个是启蒙，同时一定程度参加社会组织运动，至少起一个促进的作用。

许：必须要有社会参与。

钱：对，只解决思想问题，只启蒙是不行的，所以我一直主张民间的自治运动。传统中国是有民间社会的，现在没有了。其实除了促进启蒙、促进民间自治，我还有一个更大的目标，面对中国问题，总结中国经验，创造中国理论。这是我真正的追求，也是我真正的事业。

我认为20世纪，全世界发生三大历史事件，一个是两次世界大战，第二个就是民族解放运动，第三是共产主义运动的兴起到改革。而在这三大历史事件中，除了"一战"，中国影响不大之外，其他事件，中国都处在中心位置，而且中国付出了沉重的代价，因此有很丰富的经验，同时也是教训。所以我认为应该总结 20 世纪中国经验。在这个基础上，我进一步提出，要创造一个对中国历史，特别是当代中国的历史和现实具有解释力和批判力的理论。我认为这是当代中国知识分子的基本职责。知识分子有多种职责，比如文化传承的职责，但是我觉得最根本的是，知识分子应该给社会不断提出新的思想、新的理论，对整个民族产生更加深刻的影响。中国知识分子想要对世界有所贡献，应该从这里入手。

许：对对，您说得太对了，20 世纪的中国经验还没有被真正总结，没有被真正理论化，应该做更深入的剖析，然后变成全世界文明遗产的一部分，这事儿现在还没有发生。

钱：它有一个前提，就是能坐下来思考，站在边缘位置来思考。现在已经达到一定水平，同时能够坐下来做这种最根本问题的思考的人，是很少的。我希望年轻一代能关注现实问题，总结中国经验，至少将来应该有一部分人来做这种事情。

许：那您参与到各种社会活动之中，去做精神界的战士之后，有什么感受呢？

钱：参与社会运动以后，我老处在漩涡中心，老被大家注意，这一直到现在都是我的一个最大苦闷。

许：这似乎也是您天性的一部分所必然导致的结果。

钱：实际上我更喜欢在这屋子里写作，或者像这样跟你在客厅里高谈阔论，最怕的就是别人注意我。包括这次你采访我，我都有点犹豫。我现在希望别人别关注我，我要关起门来做我自己的事。而且你知道，围绕我争论不断，我也受到无数的批判，这是影响学术的，因为学术需要安静。所以有些朋友说，老钱你不该介入这些事，如果你不介入，你的成就会更高。这是可能的。

当然我在学术上也做了一定的调整，比如我的研究越来越倾向于鲁迅，而且越来越倾向于把学术研究成果通俗化，很大程度我是借鲁迅来讲我要讲的，所以我明确提出一点，就是接着鲁迅往下讲，接着鲁迅往下做。

许：跟您接触之前，在我印象中您是一个特别理想主义的教授。接触多一点之后，我就发现其实您非常敏感、现实感非常强，懂得怎么在现实的缝隙里找一方天地。而且我觉得，缺乏了现实感，也就缺乏了具体而微的理解能力，就很难把学术做好。

钱：除了人情世故，在中国还必须懂得国情。既要懂得国情，又不被国情所控制。

许：而且您和很多学者最大的不一样，就是您的人生本身就是一个作品。您的经历，个性，您做的事情，您的著作，构成一个整体。

钱：这就决定了我的研究方式，主体性介入非常强。

许：钱老师，上午的时间差不多了，您先休息会儿，下午我们继续聊您怎么研究鲁迅。

现在已经不是精致利己主义，
是粗俗的利己主义了

许：钱老师，刚刚睡了一会儿吗？

钱：睡了，反正我是一倒就睡着，再大的事我照样睡觉。

许：感觉这是您保持能量的源泉。那我们接着上午谈。上午我们说到鲁迅，您第一次在北大上鲁迅课的时候是什么样的场景，印象还深吗？

钱：我最早是给 1981 级的学生上鲁迅课，题目是"我之鲁迅观"，学生当时就呆住了，因为那个时候从来没有说过"我对鲁迅的看法"，把你自己提到这么高。

许：是，当时这种表达是很大胆的。那个时候，中国重新开放，而鲁迅又在课本上待了这么长时间，好像是一个被教条化的人，1980 年代初那批年轻人面对鲁迅的时候，是什么样的感觉呢？

钱：80 年代初上鲁迅课，不仅我自己主观投入，学生也非常投入，整个课堂是充满感情的，因为他们也经历了"文革"，这个时候来接受鲁迅，就有很强的主体投入性。我特别喜欢朗诵，朗诵是我语文教学一个基本方式，我带着学生一起读。因为文学有许多东西是不能够分析的，要靠朗读来感受里面的韵味。它是一种感悟，有的时候就是一种声音，一种节奏，你去感受，而且感受到以后也无须表达，就进入你的心里了。

许：让他们用自己的方式去体验、感受。

钱：对，什么分析主题思想、概括段落大意，别搞这套，我就是朗读。我先读一遍，读着读着全体同学站起来跟着我读。所以那个课堂是学生、老师和作者融为一体，非常感人。1989年之后，我上课，就不一样了，就开始争论了。学生分两派，一派当然也认为鲁迅很了不起，但希望他像博物馆的伟人一样，我可以崇敬你，但你不能进入我的生活，不要干扰我。

许：这是一个很大的转变。

钱：很大的转变。另一派就恰好相反，觉得现在还是需要鲁迅。我在北大结束课程以后，一个学生写了一封信给我，他说钱老师我非常喜欢听你的课，你的课向我显示了人的生命的另外一种可能性，尽管我无法做到，甚至我也不一定完全认同你，但是你让我知道了，还有另外一种存在的可能。我非常欣赏这个说法，我觉得教育的目标并不是说有一个现成的标准，让学生就这么去做，而是向他展示，人的生命选择会有各种各样的可能。

许：所以您的课非常受欢迎。我当年也去听过您的课，1997 年。

钱：我想我在北大是这样一种存在，不具有标杆性，也不具有标本性，但是北大不能只有一个声音。如果打比方的话，我是北大的乌鸦，北大不能只有乌鸦，但是北大必须有乌鸦。

许：后来您离开北大，跟更年轻的人去交流鲁迅，又是什么感觉呢？

钱：很有意思。我当时在三个高中讲鲁迅，一个是我的母校南师附中，另一个是北大附中，还有就是北师大附中。你知道讲鲁迅有一个阻力，他们已经对鲁迅有既定的认识——鲁迅是伟大文学家、伟大思想家、伟大革命家，我的第一个任务就是要把这个成见给取消，还原一个普通的、个人化的鲁迅。这样一来，我在中学上课第一个遇到的问题，就是怎么样寻找到鲁迅作为一个普通人，他的生命和中学生的生命的沟通。高中生有一个特点，要告别童年，要成为成年人，所以跟父母的关系，特别是和父亲的关系，成为他们生命中的一件大事。那我第一堂课讲什么呢？讲鲁迅对父亲的回忆，实质上鲁迅跟父亲是有冲突的，但是在根子上又有很深的恋父情节，一下子让学生感动了。

许：触碰到他们了。

钱：然后我布置一个作文题，写父亲。就有学生说，从小老师叫我写的都是母爱，这是我第一次思考我和父亲的关系。那些文章我都保留着，读了非常感动。从这里接近鲁迅后，我就开始讲鲁迅那些异端的思维，这些都引起激烈的争论。最引起争论的就是鲁迅那篇《聪明人和傻子和奴才》，其实就是三种人生态度，那我就问这些孩子，你选择做什么呢？他们就有不同看法。

许：这些争论好有意思。

钱：所以就有学生和我说，读了鲁迅才知道原来可以用另外一种眼光来看世界。我们受传统习惯的制约，我们不敢说出来，或者没有意识到，但是鲁迅说出来了，他抓住了一些本质的东西。

许：在当下，鲁迅对您最直接的启发是什么呢？

钱：现在看来，鲁迅对中国国民性的分析是非常深刻的。我前几天做过一个演讲，谈到了当代中国国民性的几个基本问题。

一个就是 1980 年代，经济利益、政治利益逐渐凸显以后，信仰理想失落，人逐渐变得本能化。从人性角度说，人的本能性这一面是很重要的，像鲁迅他们特别是周作人就强调人的本能的满足，因为我们过去的传统是压抑本能，所以他们要强调发现本能。但是也不能走极端，人的本能性和人的精神性，是互补和互相制约的。本能性有一个最基本的原则就是趋利避害，这也是自然的，但是当趋利避害成为唯一的追求时，就很危险。而我认为这种趋利避害已经成为国民性的问题了。

第二个问题就是诚和信的问题。在这种复杂的情况下，除了像我这样已经从体制内退休、没有任何利害关系的人，其他人可以说都是两面人，这极其可怕，而且后果不是一般的严重，但是无可奈何。比如开会就是要你表态，你能不说话吗？而这是鲁迅最恨的一个事情。这里我再说远一点，我认为做人要尽量说真话，不能说真话的时候，你有第二个选择，就是沉默，不说话或者少说话。但是有时候不说话也不行，那只有说假话，但是说假话也得有底线，你必须分清是非，认识到我说假话是错误的。这话看起来是一句废话，但很重要，因为很多人讲假话讲多了，就觉得是对的。所以你得分清楚是非，犯了一个错，自己得知道。第二条你必须是被迫的，不能主动去说假话，很多人开始被动，后来就变主动。另外你还要掌握一个原则，不能说假话去伤害他人，假话的后果要自己承担，这是一个道德底线。比如你不能去检举。所以在中国，说假话也有三条底线，有这么多名堂，但这是我们必须面对的。

再来也是鲁迅说过的，中国人就是最害怕做奴隶做不稳，不管任何人对社会有多不满，最后还是要维持现状。我可以做奴隶，但是你得保证我基本的生存，还得稍微要舒服一点。大家都留恋做稳奴隶的时代，这也是很可怕的问题。不说别人，我自己有时候也犹豫，真乱了可能我也受不了。

再一个最大的问题涉及年轻人，刚刚说现在大部分人本能化，丢掉了精神追求，但你发现，很多年轻人有理想，爱国主义和民族主义成为他们的精神追求。但这里面也有一种危险，就是鲁迅说的爱国的自大。所以鲁迅这些思想看起来讲得很简单，很朴素，但很深刻。

许：在今天，作为一个知识分子，怎么去保持某种批判性呢？

钱：我也不知道，但是作为知识分子，必须有独立的思考，这是最重要的。你表达不表达，或者要不要转化为行动，那还是第二层面的问题，首先你必须保持思想独立性，这是主观条件就可以做到的。现在我觉得可悲的就在于，出现了一些政治活动家型的知识分子，什么意思？也是鲁迅说的，他说统治者对知识分子的要求，第一是同意；第二是解释——一般同意不行，你是知识分子，你必须解释，把它学术化、理论化。

回到你刚刚说的问题，我觉得知识分子至少要保持一个底线。我对我的学生就说，现在我不给你们提高要求了，我根本不想让你们像我这样，这个代价太大，而且你们付不起，但是至少做到底线，凭兴趣做学问，凭良知教人。

对我自己来说，在这个时代，我需要继承中国知识分子的另一个传统，就是司马迁传统。我不议，那我记下来，成为一个观察者、思考者和记录者，就当司马迁，我自己用董狐直笔写历史春秋。

许：如果您是一个生活在别的国家的知识分子，会是什么样呢？

钱：我有一个选择，不管中国怎么问题多，我还是要做中国之人。

我有几个不离开：第一不离开中国，第二不离开北大，第三不离开鲁迅。而且我有一个很奇怪的心理，我在国内对中国问题批评很厉害，但是国外我就不大听得，所以我一到国外就变得爱国。

* * *

许：说到年轻人，好像整个 20 世纪，中国都有一种年轻崇拜，我们总是对年轻一代有一种特别的期待。

钱：你不这样怎么办？我后来进入中学语文教育，一个很重要的理由是，我老了，一切都绝望了，唯一不能绝望的是孩子，如果你的孩子也绝望了，那你就彻底都绝望了。所以为什么老把希望寄托在青年身上，毕竟他们代表未来，从这个角度是可以理解的。但问题是你不能做导师，你来听听我的意见可以，你跟我走不行，因为我都不知道路该怎么走。而且我发现我对青年已经不懂了，我是 1939 年出生的，属于 30 后，我的第一批学生是 40 后，到 50 后、60 后、70 后，包括 80 后，还有对话的可能性，到 90 后，我就不太懂了，00 后就完全不懂了。这里有一个很大的区别：90 后乃至 00 后是在全球化时代成长起来的。

年轻人有他自己的一套看法，我们不理解他们，所以我们没有权利和理由去指责他们，但同时，我们也没有义务跟着他们走。现在有一些老人就喜欢跟风，令自己陷入非常可笑的境地。我认为，我们只能退下来，观察他们。如果他们真的需要帮忙，那就帮他们一把。

许：您第一次提到"精致的利己主义者"的时候，就引起很大的反响，那也是对年轻一代的一个新的观察角度。

钱：现在很多人已经不是精致的利己主义，是粗俗的利己主义了。我有个朋友他是 80 后，他说我们这一代有一个重要的问题，就是我们成长的时候已经是一个不允许异端存在的时代了，所以他们所听见的只是主流意识形态的声音，已经深入到他们的命运。而且还有一个大的背景，这同时是一个消费主义的时代，所以他们实际上形成了一个弱肉强食的世界观，他们很认同中国和美国的对抗，这比较符合内在的民族主义和爱国主义，同时也符合他们对时代的理解。

有一个人不知道你们注意没有，余亮，他有一个帖子，我专门研究过。他说你们启蒙主义的这一代人所相信的那一套普世价值，民主、自由这一套都是虚假的。他看到这一点，对西方中心主义的这种现代化提出质疑，有它的合理性。但是他走到另一个极端，这是我担忧的，我觉得是我们必须正视的问题。以前我是回避的，因为我觉得我不懂他们，那就算了，但是现在我在思考这个问题。而且这也是刚刚提到过的，在中国这套行得通的原因，是因为它有群众基础，有历史合理性，又有年轻人的支持。

许：对，强者就是正义，就是真理。

钱：这跟我们前面说的问题是有关系的，也是趋利避害，跟他亲身利益是有关系的。

许：但有时候希望可能就在这时候出现，可能会酝酿一种新的声音，以一种崭新的方式出现。

钱：是吧？所以我前几天有点高兴，当年我在北大有一个演讲，讲如何度过大学的时光，这次一个刚考上南京师范大学的年轻人，他对我这篇演讲感兴趣，发表了他的感想。这就是说我们发出另外一种声音，但是不期待立刻产生效果，我也不想影响所有的00后，因为做不到，但后代人，当他需要的时候，有声音让他听。我们最后的作用可能是在这儿。

许：您对现在的年轻人、对他们的未来有什么看法呢？

钱：四五年前我面向年轻人做了一次演讲，题目叫《青年朋友们，你们准备好了吗？》。听我讲话的人二十多岁、三十多岁，我自己当时已经快八十岁了。我说，你们想过没有，你们到我这个年龄，在这未来的四五十年里会遇到什么？你们会遇到一些我们遇不到的问题。

第一个问题就是你们将面对人和自然的关系问题，这是人类未来的时代主题。第二个问题就是所有社会制度、文明模式都产生问题，于是你就有新的选择问题。第三个是会面临最新的科学技术调整。这些问题你们都没遇到过，我也没遇到过，所以我要问，你们准备好了吗？

每一代人都要找到自己的问题，自己去面对，自己去处理，这样前代人的各种声音才可以成为你的参考。像我们这代的问题，是考虑社会主义和资本主义相比谁优越，要怎么选择，你们这代可能是民主自由平等的问题。

许：个人自由是我们这一代最大的命题。

钱：我曾经对你们这代有个概括，漂泊的一代人，和我们这代人不一样。比如我在贵州整整待了十八年，想走也不能走，现在你们有自由流动的权利，可以待在北京，也可以在全世界漫游，这是历史很大的进步。我最近特别喜欢看纪录片频道，看很多年轻人全世界旅游，就感觉很高兴。而且现在是网络时代，已经打破了很多界限，现在的年轻人总是有机会听到另外一种声音，我觉得有点信心也在这儿。

许：那么有没有可能因为选择更多，退路更多，反过来也成为一个问题？

钱：是，漂泊是优势，但是没根。我观察到一个问题，有的人到国外去，但是你很难融入外国文化，所以最后的危险是根的危险。外国的社会你进不去，本土的又脱离了，到底最后归在哪，这是个很严肃的问题。你的内心要有一个根，搞不好两边不讨好，人就悬在空中。

许：对，悬浮是常态。而且很多年轻人不知道该往哪儿走，也找不到所谓的信仰，找不到意义。

钱：其实在某种程度上，感到困惑，反而是一件好事，怕的是无所谓的态度。我觉得首先可能要找到自己的命题，然后再找到自己可以做的一些事。我有一个口号，做小事情，想大问题。因为完全做小事，可能最后就以自己为主，你完全想大问题，不做小事情，就是空的。另外要充分利用全球化时代，保持信息的多样化，不要关起门来，这个很重要。

许：做小事情，想大问题，这个口号好。您自己的信念怎么来的呢，包括坚持信念的力量？

钱：我最近经常跟年轻人讲信念，年轻人问我，钱老师你的信念、你的理想是什么？我说我的信仰还是我年轻的时候那样，我希望追求一个没有剥削、没有压迫的理想社会。但是我现在和原来的区别就在于，原来我认为它真可以实现，现在我非常清楚地认识到这些东西是一个彼岸的关怀。我们可以接近它，但是永远抵达不到。

我为什么一直对现实有这么强的批判性？其实就是因为我对一切压迫都极端敏感，包括我自己也很警惕，我不能因为我有学术权力就去压迫别人。以这样一个理想主义的彼岸的关怀，来对此岸保持批判。当然，我清楚地知道，任何一种社会进步都同时带来新的压迫，但是彼岸的关怀是必要的。它的作用就是它可以照亮此岸的黑暗。

许：对，解放和压迫必然同时到来。钱老师，今天您也累了，我们先到这里，明天我再过来。

钱：好，我也有个要讨论的问题，后疫情时代我们可能遇到什么问题，另外我也做了老年人生的一些思考。

许：行行，那明天见。

我不知道明天会发生什么，
这在过去是很罕见的

钱：今天是不是很冷？

许：还好，降了一点温。您今天几点醒来的？

钱：7 点。我现在生活极其有规律，早上 7 点到 8 点起来，8:30 到 9:30 就开始写东西，写两个多钟头，到 11:30 吃饭，然后中午回来看报纸，睡会儿觉，差不多 15:00 起来，工作到 17:30，然后出去散步。如果白天没写完，晚上就继续写，平均每天两千字。

许：哇！那很惊人啊！现在在写什么呢？

钱：我写了一本很特别的书，叫《庚子大疫的现场观察与历史书写》。一般写历史，都是写过去发生的事儿，而我是写在发生的，但是是以一个历史学家的眼光去看，把它历史化，所以是把现场观察与历史书写结合起来。这样的史学书写国内是比较少见的。国外有例子，马克思在拿破仑政变的时候就写了一本书，《路易·波拿巴的雾月十八日》，成为不朽的著作。

许：我也很喜欢读这本书。西方有这样一个传统，叫 history present，"此刻的历史"，同时是记者型和历史学家型的。

钱：我是高度自觉地向现行的学术挑战。我们现在的史学写作有两个倾向：要么就是纯粹的历史书写，完全脱离现实；要么就是贴得太紧，缺少历史的距离和更远的眼光。我尝试把这两者结合起来。

许：这种写作其实跟您的性格很匹配，既非常投入，同时又保持观察和沉思，又热烈又冷静。

钱：又悲观又乐观。

许：好像您的一生都是被这两种混合的情感支配着。

钱：我也是高度自觉的。

许：经历疫情这个事情，在您这么长的人生经历里面，它的重要性有多大？

钱：非常大。我有一个基本判断：这是百年未有的历史巨变，同时也是百年未有的历史危机。"二战"以后，人类世界的历史经过了三个阶段。第一阶段是1945—1990 年，这是所谓的冷战时期；1991 年苏联解体后，世界就进入一个我称之为以美国为首的全球化时代，中国是全球化时代的最大受益者，迅速崛起为第二大经济体；到了 2016 年，发生了两件事，英国公投决定脱欧、特朗普上台，标志着一个后全球化时代的到来。

而这次疫情，把后全球化时代的内在问题全面铺展开来了。而且和以前不一样的是，以前的矛盾总有一个说法，比如说冷战时期是社会主义、资本主义之争，是吧？

许：以前总有一个认识世界的框架。

钱：对，到后全球化时代就没了，连最基本的问题都不清楚。而且没共识，很多事情都没办法进行对话了，一谈就吵。我们处在一个不确定的时代。这个时代的危机和别的时代的危机不一样，它让人恐惧不安，最不安的一点就是，我不知道明天会发生什么，这在过去是很罕见的。

许：那您要怎么应对呢？

钱：面对疫情，我给自己定了三条规矩。第一，观察。很多事要观察，不要轻易下结论。第二，等待。很多事情都不能着急，这个时候特别需要耐心。再有一个，坚守。基本的认知、立场、价值判断，我还是得坚守，不能在一片混乱中跟着大家走。因此我把自己定位为，站在边缘，关心和讨论中心问题。我对自己的局限有很清楚的认识。这是我的选择。

许：那您判断目前的这个历史趋向会前进多久？

钱：竞争时代是肯定的了。如果说全球化是美国主导的，后疫情时代我的判断是，有点像中国的战国时代。这是一个很有意思的变化。而且这样的客观条件已经形成了，世界上几个政治强人领袖已经出现了，国际关系将重构，总体来说，是斗而不破，因为大家都知道，斗破了，谁也受不了——当然也不排斥走上极端，但是可能会进入更加复杂博弈的过程。另外，这次疫情让我们对全球化重新认识，过去大家都偏向于经济全球化，现在疫情已经证明了，看起来是经济问题，但它背后相联系的是政治制度、意识形态、文化等等一系列的问题。所以博弈关系不只是经济关系，国内问题变成世界问题。而我们现在说实在是在抗拒，想重新回到只是经济全球化，其他事你别管，但这个做不到，这会是下阶段矛盾的焦点。这里面会有很复杂的关系，过去简单地理解全球化，特别是以美国为中心的全球化，这是不对的，这个格局就是必须打破的，确实要在全球化和民族利益之间取得一定的平衡，但是不能够反过来以维护社会民族利益来抗拒一体化的全球化。

其实几年前我就做出了这个判断，全世界都病了，所有的文明形态，都出了问题。这一次疫情的严重性，就在于把这些文明模式的内在矛盾都做了彻底的暴露。比如美国，美国宣传民主，其实也变成执政第一，这就很可怕。另外还有民族主义和民粹主义的问题。总之，现在最根本的问题，就是现有的所有理论，无论自由主义理论还是社会民主主义理论，我们所学的那一套都不能解释现实的问题了。

许：明确的方向感消失了。现在某种意义上整个世界都面临精神世界的衰败，您认为要怎么去重建这种精神生活？

钱：精神衰败是事实，但是也不能太夸大，因为历史还在前进和变化。也可能出于我的理想主义本性，我觉得这个危机中可能会有生机。我想真正的知识分子没有必要陷入那种虚无主义，也没有必要去悲观主义，实际上可以去做一点事情，比如对现有的所有的文明形态进行彻底的检讨，然后在这个基础上提出一种新的伦理、新的价值观，这是我的理想主义的期待。另一个就是，我希望将来是不是有可能进入一个平衡的时代，不是绝对的资本主义，也不是绝对的社会主义，大家比较理性冷静下来，从过去吸取教训，当然这是绝对理想主义了。

许：整个社会好像没有这个情绪。而且好像全世界都进入一个比较反智的阶段，大家对知识分子式的讨论都不太感兴趣了，现在知识分子式的思考已经非常边缘化了，也缺乏这个号召力。就像您说缺乏共识，这是一个全球的现象。

钱：不确定性可能是全球面临的最大的困难和困惑，这真是非常麻烦。所以我说需要观察和等待。危机爆发之后，各种问题开始暴露，但是还没有彻底暴露，它的暴露可能还有一段时间。

许：感觉才刚刚开始。

钱：问题暴露才开始，反思才开始……等一下我们下楼走会儿，透透气。

许：好，我们就沿着您平常的路线走。

老年不是一种消极被动的状态，它应该有一个新的天地

钱：我平常就从这儿出来，然后看看周围。

许：这是海棠是吧？

钱：是海棠。你看这些绿叶当中，有一片黄色败叶。

许：现在您算是从一个历史的世界到了一个自然的世界。

钱：我每天就是这么散步，写作，心里沉浸在大自然的永恒还有历史的永恒中。每天走到这里，我都要停下来欣赏很久，猛地一看这都是一片红花，但是如果你俯下来仔细看，红花不一样。你看这个就跟前面不太一样，这个红得像辣椒一样。多微妙的变化，我喜欢这样看，去欣赏细微的一些变化。你们别只拍我，跟着我说的这个地方拍。

许：钱老师做导演。

钱：你拍这些就很有意思，不要只是拍我人。

许：哪棵树跟您的内心世界、精神气质最像？

钱：这个时候这些都别管，你还是那种习惯性思维，其实就是欣赏，它没有任何知识的介入。

许：这个好，去掉知识的介入。（笑）

钱：我什么都不知道，我就是欣赏它的颜色。你看这个，你还可以偷一点吃。

许：这是什么果子？

钱：它也是叫山楂。你给一个我。

许：蛮好吃的。结果我们吃完之后，看到上面写着"仅供观赏，请勿采摘"。

钱：它打过农药是吗？它也许吓唬你呢。我最喜欢的是躺在这儿，总体是非常宁静的，像是凝固的，但仔细看那个树叶，风一来，它就在那儿微微地飘动。

许：我们时代的变化不也是这样吗？整体看不出来在变化。

钱：不，别想这些。历史、文化，我天天想得太多了。

许：现在把它们去掉。

钱：我们想得太多了。有些人批评我，说我太想做大判断，做大的思考，我觉得他们的批评是中肯的，你看我这两天跟你讨论的全部是大问题，是吧？这是我思维的一个特点，这种思维方式确实有优势，但同时是有缺陷的，就是容易把问题简单化，因为你做判断，本身

就要忽略很多复杂性和丰富性。

喜欢做大问题，这是典型的马克思主义传统，我的性格，我的追求，其实都和革命藕断丝连。我是自愿做毛泽东时代的最后一个知识分子，一方面我走出来了，进行最彻底的批判，但同时我对革命对毛泽东都有一种很复杂的纠缠的感情，它不是一个简单决绝的关系。这到底是我们那代知识分子的特殊性。而且我们受俄罗斯的影响极大。

许：身上有一种浪漫主义。

钱：浪漫主义，英雄主义，还有就是乌托邦主义，非常强烈地追求一种纯粹的完美的社会，比如人类的绝对平等这一套。这也是中国革命吸引我的一个重要原因。

许：这也是您吸引这么多年轻人的重要原因，您总觉得有一个更高的东西存在，您要去追寻那个更高的东西。

钱：当然这也是有问题的。过去我对日常生活没有任何兴趣，我是一个精神性的存在，但这其实也有一个缺陷，我不真正懂基层人民，也不懂青年，你自己主观上是和他们很亲密，实际上是隔的。这也很容易理解，你不关心日常生活的问题，自然和这些群体都是隔的。而且我原来的生命是属于战斗的，老处在紧张的斗争中和批判中，在中国这样的人生有它的价值，但那不是一个很健全的人生。

这次疫情让我认识到日常生活的重要性。我每天去散步的时候，对周围的风景都有新的发现。今天这棵树是这样的，叶子那么多，明天是那样的……不同时间、不同阳光、不同气候，同一棵树会有不同的变化……看花的时候，我不管名字，就是欣赏，好看就行，也不必讲出道理、做概括分析。有时候，我偷听旁边的居民说话，老太太聊家常，讲给儿子买什么东西，穿什么衣服……特别好玩。过去我不会注意这些事情，甚至我会烦他们，觉得这些太琐碎、太平庸，这其实还是精英的观念，现在我对普通人的日常生活特别有兴趣。

许：彻底摆脱精英的视角，对人也是很大的解放。

钱：就好像在用一种婴儿的眼睛重新去看你周围的一切。

许：那真是很美好的感受，可以摆脱过去那些焦虑，进入平静。

钱：不，还是有焦虑。只要关心现实，你就忧国忧民。我们这一代人的本性如此。但是慢慢地发生了一些变化，内心会更和谐、宁静……今天天气也很好，秋高气爽。

许：北京最好的时刻。治疗了颈椎病，还偷了山楂吃，完美的下午。

钱：今天很可惜没鸟，现在人比较多，鸟不敢出来，再晚一点，人少了，鸟就在面前这么跳来跳去，非常有意思。

许：您在这里住几年了？

钱：我和崔可忻一起来的，五年多了。我们刚来那时候，差不多是中秋节，就发动居民在这儿赏月、唱歌，后来又跳舞，都跳儿童的舞。

许：崔老师特别适合当文艺委员是吧？

钱：搞各种活动，她是一个沙龙的女主人，又弹琴又唱歌又做吃的，来我们这儿玩的人，她都发一袋子吃的，不是买来的，是她自己做的。我们俩出去旅游的话，我摄影，她就拍视频。

许：您第一次见到崔老师是什么印象？

钱：我们两个同一天在贵州报到，她从上海去，我从北京去，我觉得她像个大小姐。

许：您觉得崔老师对您的性格影响大吗？

钱：我昨天说当时在贵州没人敢和我接触，她是敢的之一，和我结合是需要很大的勇气的，她是明知跟着我一辈子要受磨难。我举个例子，你就知道她对我人生的重要性。1990 年左右，我遭到全国性大批判，被点名，在报纸上发文章批了我一个多月，那是我人生最艰难的时候。作为一个妻子，一般的女性不外乎两种反应，一种是埋怨你，跟你说别胡说八道，搞到家里直接受影响不是？另一种可能是她会非常同情你，反应很强烈。这两种她都不是，她采取什么态度？好像一切都没有发生一样。

许：这了不起，这太了不起了，她内心非常有力量，才能这样。

钱：而且她是发自内心的，很自然的，不是故意营造安静的环境。所以说我很幸运，不论我母亲还是崔可忻，我遇到的女性都有一种内在的坚强，用鲁迅的话说就是韧劲，在这样一个历史巨变中，必须非常强韧，才不至于垮。

许：您是不是觉得崔老师的内心力量其实比您要更为强大？

钱：我跟你说，我的尖锐全部在文字上，在日常生活中我是很软弱的一个人。所以我们之间，特别是到晚年，也有一定的矛盾。矛盾在哪里呢？她是一个事业心很强的人，退休后她没有用武之地了，变成一个协助我、支持我的角色。所以她最恨别人喊她"钱夫人"——我怎么是钱夫人呢？我是崔可忻，我是崔大夫！所以她就转过来贬低我，你整天云里雾里，那些有什么用？

许：那也很可爱。

钱：这是她最大的痛苦，也是我最大的不安，我真的不愿意她成为我的附属品，有些人说，你夫人对你怎么怎么好，我就不大愿意讲这些事。因为过分强调这些，反而忽略了她本身的独立性。

她后来提出要编《崔可忻纪念文集》，这是很罕见的，一是很少人生前编文集，那都是死后才编的；二是她自己提出要编。我一听就明白了——她要留下一个独立、自主的崔可忻，而不是"钱夫人"之类的。

许：崔老师的自我意识非常强。

钱：这就引发了我的思考：人到了老年，怎么继续保有自己的独立存在？这是一个难题。像我这样是很容易，因为我可以写作。那么一般的人怎么办？鲁迅曾经自号"俟堂"，就是古人的待死堂的意思，很多人觉得养老院就是待死堂，现在应该有新的观念，至少我个人有很多工作都是退休之后做的。而且我现在的写作已经不准备发表了，没有任何功利目的，真正进入自由状态，没什么顾虑。这是非常非常难得的。所以老年不是我们过去想象的那样一种消极被动的状态，它应该有一个新的天地。

许：到了这个时光反而是您高产的时候。

钱：我现在每天在电脑前这么写作，就好像老农到晚年在田头转来转去一样，老农是有习惯的，即使他不能够下地，他也在田头转来转去。

许：那您现在对死亡是什么样的感觉，会想死亡的事情吗？

钱：我现在有点像在和生命抢时间，把我自己想做的事都尽量做完，做完之后就无所谓了，随时可以死。

许：您跟崔老师讨论过死亡吗？

钱：讨论过。我们的关系是罕见的，所有问题都讨论，毫无顾忌。到最后，她把自己的事全部安排好。整个过程中，我们两个人都没有流一滴眼泪。想透了，谈透了。她连这种事情都安排了："我走后，你到贵州去一趟。"

许：她会怎么看那段贵州的时光？

钱：她非常珍惜，她认为她一生最宝贵的是那一段时间，而不是在北京。

许：她最后也很坦然吧。

钱：她最后一句话，今天来看是非常深刻的，她说这个世界太乱了，我管不了了，我要走了。你看她最后，关心的还不是医学，是世界。她还管世界事，这不跟我一样吗？所以我们之间非常难得，精神境界是通的。我能坚持到现在，很大原因就是有一个真正理解你的人在真正支持你，这个非常非常难得。

许：您很幸运的，很幸运的。崔老师离开之后，您对生活最不适应的是什么？

钱：怎么说，她病了半年，所以半年的时间里，就给我一个机会独立生活。实际上大家对我也有误解，我的生活能力当然也很差了，但是没有差到那种程度，还是有一定的独立性。而且就像我刚刚说的，我开始享受日常。

许：这对您是一个非常有趣的转变。崔老师听到您说这话也会挺高兴的吧？

钱：她当然很高兴，不过她还是会嘲笑我，算了吧你。因为我的衣食住行，所有的一切都是她安排的。（笑）

附：钱理群学生、朋友采访

大家坐到一起吹牛，
他几乎永无疲倦，激情迸发

依次出场人物为：

杜应国，贵州省文史馆特聘研究员

贺坚，安顺铁路子校退休教师

曾宗瑛，钱理群任教于贵州省安顺地区卫生学校时期的同事

朱伟华，贵州省文史研究馆馆员

何幼，安顺一中退休教师

罗布农，安顺学院退休教师

　　许：太好了，你们都是钱老师"文革"时候就认识的"小朋友"，好期待和你们好好聊聊。

　　杜：我们沿着钱老师当年活动的地方走走，边走边聊。他原来在这个地方居住，这里当时是卫生学校。

　　许：当时这个学校有多少学生？

　　杜：中专学校没多少人，两三百个。这里之所以后

来成为卫生学校，有来源的。抗战的时候有两个中央级学校迁到了安顺，一个陆军军医学校，一个兽医学校，也是军队系统的，这里就是他们的门诊，所以以后就跟卫生有关系了。

贺：你看这儿，原来有个平房，钱老师和崔老师相识相知就在这栋楼。

许：他们的爱情就发生在这个地方。

杜：那时候我们去找钱老师，崔老师母亲就把我们赶出去，说你们聊天出去聊，结果我们就坐在城墙上聊天。（笑）

许：你们聊什么？

杜：读书啊，国内的局势，还有农村状况，当时农村很贫穷。

许：你们那时候吃什么？比如大家一起聚会，有得吃吗？

杜：我有一篇文章专门说过，钱老师当时还是单身汉，自己也不会弄吃的，我们去就自己做。专门骑着自行车到火车站那边买烧饼，再买一些白菜，做一大锅汤，大家就着烧饼吃，有时候买一点米粉。

许：没有肉？

杜：肉很难吃到，那时候一个人一个月就半斤肉，油才四两，无法想象。

许：每天就清水白菜，但钱老师始终斗志很强，很热情。

杜：他一直就是这样一个状态。有一次他还闹过一个笑话，在学院里面，教师都是吃食堂，有天食堂里有一点肉，但是那个肉不太好了，其他老师遇到他就问，老钱今天这个肉有点臭味吧？他说我不知道。他吃不出来，他心不在焉的。

许：他的心思都在书上。

杜：他自己说他是过着高度精神化的生活。要是大家坐到一起吹牛，他精神状态很好，几乎永无疲倦，激情迸发。

许：您一开始对钱老师什么印象？

贺：当时的感觉就是和这些学生打成一片，关系非常融洽，很平易近人。钱老师当时特别爱踢足球，他是卫校足球队的教练。

许：那时候对崔老师是什么印象？

贺：崔老师是上海来的一个大家庭的大小姐，她的母亲父亲都在这个地方住过。崔老师非常文雅。她很知名的，附近的这些小孩家长都爱带小孩让她看病，主要是人好。还有通外语，弹钢琴。她母亲也会弹钢琴，不是一般的人，当时在小城里面很少见的。

许：这边真的是落难公子落难小姐聚集地。

曾："文革"之前他们其实生活非常丰富的，我记得演过两个话剧，《年青一代》《千万不要忘记》，好多老师都去演，我们跑龙套。还有个什么亚非拉的演出，等于是歌剧。

许：还有歌剧，这么厉害。

曾：因为我的头发有点自来卷，所以就演非洲人。

许：这好有意思啊。

曾：还是很热闹。

许：钱老师是特别有活力的。当时还有什么好玩的事情？

朱：那太多了。当时我十六七岁，钱老师带我们读鲁迅，我印象很深，在安顺师范那个小屋子里面，他说起鲁迅来的时候，那个神情真的是……我就觉得书原来可以这样读啊。

何：他还越讲越兴奋，掀帽子，脱衣服，到最后满头大汗，我们是满脸的泪水。就出现一个反复的心理变化，平时那五天都是非常沉闷，然后到周末就去钱老师那儿，特别亢奋，然后回来几天又掉下去了。

许：周末去服兴奋剂。（笑）

罗：我记得最清楚的是钱老师喜欢打麻将，我从乡下回来，基本上不回家，都是在钱老师那儿住。晚上他拖着我跟他两个人打麻将，二人哦，打麻将打到半夜。

朱：还有一次在钱老师那儿玩，我们后来就从所有的名著里面选一段，然后大家抽出来读。但是那次钱老师抽了一个，特别好玩，我永远记得。抽到一个什么呢？是罗曼·罗兰《哥拉·布勒尼翁》里的一段——那时候师母在我们印象里都是比较严厉的，结果老师抽到的那一段是"我最怕回去见到冰冷的菜汤和沸腾的老婆"。

许：哈哈哈，这么生动啊。

朱：印象特别深，没想到老师会抽到这一条。

许：好多欢乐。那后来"文革"的时候，钱老师挨批多吗？

曾："文革"一开始，我和我家老子和钱老师就组织了一个战斗队，孺子牛战斗队。

许：这么厉害啊，"孺子牛"。

曾：那一段时间就停课了，天天斗争开会，钱老师就说，有一些揭发材料简直无中生有。复课之后，钱老师主动要求当班主任，结果人家就说你这种人有啥资格。反正搞得有点惨就是了。

杜：我们要不要去东林寺看看？钱老师来的时候最早是住在寺庙里面。

许：那去看看……这个庙还在用吗？

贺：现在也是一个庙，正规的庙，"文革"的时候，庙基本上就不存在了。所以学校的老师就住在庙里面，恢复了以后，和尚又来了。

杜：这个庙过去叫东岳庙，供奉东岳大帝的，现在叫东林寺。

许：名字起得也好，像东林党人。您来这儿找过钱老师吗？

贺：来过，第一次来好像是 1967 年。

许：那时候这里是什么样的？

贺：当时木板的地板有缝，踩上去会响，战战兢兢的。房间很小，原来是和尚住的地方，开间都很小，就是十多平方米。

许：钱老师刚分到这儿的时候肯定好多无奈，也不知道是不是一辈子就在这儿待着了。

罗：他在安顺总共待了十八年。

许：人生中最重要的十八年了，整个青年时代。

罗：所有青春年华。他 1960 年来的，二十一岁，离开的时候三十九岁。

许：当时您印象中有多少个从北京、上海之类的地方分配来的年轻老师？

贺：那就没统计了。

许：您印象深的有几位？

贺：有一个叫王培善，从上海分来的一个浙江人，研究植物的专家，当时他和钱老师住对门，关系特别好。

许：所以你们安顺在"文革"的时候来了一批人是吗？

杜：大概就是60年代初的时候，有一堆出身不好的，分下来。

许：都是天涯沦落人。这对联真有意思，"借假修真觅知音"，你们都是互相找知音。

贺：这些都是后面建的。

许：钱老师上一次回来是什么时候？

杜：上一次是2019年，住我老家乡下。

朱：杜老师现在在我们安顺一个杂志《文化安顺》当顾问。

许：那刚好您给我介绍介绍安顺呗。

杜：从历史上来讲，不光安顺，整个贵州都是边陲之地，所以我们现在搞地方文化就发现，非常困难的是，很多历史缺少记载，国家大历史很少写到它。

许：这条河一直在是吧？

杜：这条河一直在，重新修了修。

许：这叫什么河？

杜：贯城河，从安顺东北贯穿到南边。

许：老安顺应该是很漂亮的吧？

杜：很漂亮，它有江南小城那种风格。

许：安顺怎么会有江南小城的风格呢？

杜：明代平定云南，在贵州建了很多卫所——安顺原来是从贵阳到昆明的必经之路，那些江南官兵就把江南风貌带来了。贵州汉文化的影响很大，汉代一次，就是汉武帝征服夜郎国的时候。现在贵州考古界发现汉墓最多的就是在安顺，说明当时开发比较早也最集中的就是在安顺，但以后就没有了。一直到刚刚说的明代。后来胡林翼在道光年间做过安顺知府，张之洞的父亲也做过安顺知府。抗战的时候安顺是战略通道，所以故宫的瑰宝也运到安顺，藏在华严洞。

许：这是一时荟萃的地方。

杜：是的，可惜后来中断了。当年钱老师在安顺学院上课的时候，这边比较僻静，遇到要谈论一些问题的时候，就会到这边。

许：这边安静，放心。

杜：对。有一次他给我们讲莫里哀喜剧，他说像搞地下工作一样，大家来了要一个个自己单独进去。

许：现在年轻人已经很难想象那种荒唐了。当时钱老师考上北大，要离开这里了，大家什么感觉？

曾：我们好像没得啥子好奇怪的。想到他肯定就要走的。每个老师学生都喊他"钱大头"，现在一讲他也是"钱大头"，觉得头大聪明，确实他也是聪明。他确实也刻苦，有时候讲课之前，他要对照镜子自己连续讲，讲得激动得很，所以学生也喜欢他。

杜：但是他刚刚考取北大研究生，报纸已经报道之后，有一天我陪他们夫妇办点事，一路上就有人在指指点点，小城轰动了。你看这个报纸就知道了。

许：这是当时的报纸啊？《光明日报》，您保留得真好。这是新华社的稿子："中文现代文学考生钱理群是贵州安顺地区师范学校教师，长期刻苦钻研业务，在鲁迅研究方面下了苦功……这次初试他是现代文学专业考生中成绩最好的……"

杜：还有这个，是他发得比较早的文章。

许：《贵州日报》，1975年的，他这么早就发文章了。

杜：你看这个，是考研究生以后，我们一帮朋友一起拍的。

许：等于是为他送行一样。接下来时代发生这么多变化，大家也还尽量保持联系，这好难得。

杜：联系还是比较多。从这个角度讲，他在安顺这一段也基本上形成一个精神谱系。我记得1988年他回来，那个时候"20世纪中国文学"三人谈[1]影响已经很

---

[1] 上世纪80年代，黄子平、钱理群、陈平原进行了一场"20世纪中国文学"三人谈，1985年，《读书》杂志围绕他们的理论刊发了一组三人的谈话录，分缘起、世界、民族、文化、美感和文体、方法六篇，引起巨大反响。

大了，他回来的时候，在贵阳、安顺，找他的人特别多。他提出的观点对我们的影响还是挺大的，包括编贵州读本，要认识脚下的土地，要做一个有根的人，等等。

许：现在安顺的年轻人知道钱老师的还多吗？

朱：还是挺多的，中学生都知道。

许：你们后来还会经常想起钱老师、崔老师吧？

朱：经常想，他去年来过，他来也是跟学生聚会，我们一起打麻将。去年聚会的时候，崔老师已经不在了。崔老师很活跃的，前几次回来，我们在一个餐厅聚会，就在那儿唱歌了，唱苏联歌曲，唱英文歌。

许：崔老师特别洋气。所以他们也让安顺变得不一样了是吧？

杜：我遇到的朋友就说，钱老师在安顺是一个传说。

葛兆光

站在历史的远处

葛兆光

1950 年生于上海

1968 年上山下乡至苗寨当知青

1971 年在贵州省凯里县砖瓦厂、农药厂、供销社当工人

1978 年考入北京大学中文系

1992—2006 年任清华大学人文学院教授

2006 年至今任复旦大学文史研究院院长，现任复旦大学学术委员会委员、历史系特聘资深教授

著有《禅宗与中国文化》《道教与中国文化》《中国思想史》《宅兹中国》《历史中国的内与外》等

我一再想起那些鲤鱼，它们麇集在不忍池边，张开嘴，大口呼吸，像是志怪小说中的景象，预示着某种不祥的未来。上野公园细雨绵绵，游人寥寥，一场疫情正席卷全球。我与葛兆光撑伞散步，听他谈论从东京观察中国的感悟，那个历史与现实的中国，遥远又迫近。

一年后，散步地点从东京变为贵州凯里。在这个中国的边陲之地，他度过了青春岁月，"很长一段日子里，香炉山仿佛是一个巨大的轴，我在围绕着香炉山转，回到县城往西望，看见青青的香炉山影，就发愁，又要离开家回到村里去薅苞谷了"。也是在这汉苗交界处，他感到多元文化的共存，并为他日后以从周边看中国、从中国出发研究世界史，奠定了最初的基础。

在山路上行走时，葛老师回忆起知青时的幸福时光，背五十斤干柴到镇上，卖七毛钱，买半斤盐、一斤煤油、两包烟，然后在小饭馆炒个回锅肉、一份汤，加上一大碗米饭。我猜，这漫长并经常绝望的生活，或是他在写作浩瀚的《中国思想史》时，总将笔触投射于普通人的思想状况的原因之一。

思想史有时候是不断地重复，
一再回到原来的出发点

许：不好意思葛老师，兜了一大圈。不过雨天挺好的，挺舒服。

葛：好像下雨还平添了一点情趣。

许：对啊，而且在不忍池畔，名字又特别搭。这是您第几次来东京了？

葛：我来东京得十几二十次了吧。

许：第一次来日本是哪一年？

葛：第一次是 1994 年夏天，然后是 1998 年，在京都住了七个多月。

许：这次东京之行应该是最难忘的一次吧？

葛：大概以后也不会再有了，空前绝后，有半年的时间困在这个城里面。我和我太太几乎每天一次到这个公园来，在这儿先是看了枯叶，然后看樱花，樱花谢了以后是杜鹃花，再过一段时间就看荷花了。

许：像一场梦一样。这过程里您有没有内心恐惧的时候？

葛：我好像不太恐惧这个，因为我们亲历历史嘛。我七岁上小学的时候就开始"反右"了，后来"四清""文革"，各种运动都经历过，所以我觉得，自然灾害比人祸要好对付得多。但是这个疫情确实让人想得非常非常多。

许：当行动能力被限制之后，思想能力就必须要寻找突破嘛。

葛：可是有时候觉得思想能力其实蛮脆弱，无力感很强。在这个巨大的灾难面前，好像也很彷徨。

许：对一个做思想史的人来讲，意识到思想经常是这样无力的，是一种什么样的感觉？

葛：我总是想把它往远处推一下，把它放在一个更大的坐标里面去看。我想这次疫情大概对中国是一个节点，它怎么变？这种情况会刺激中国往哪个方向走？还看得不是很清楚。好像整个世界到底将来往哪个方向走，你都不大看得清楚。任何预言对于我们搞历史的人来说，都不大靠得住。

许：大家普遍会说，整个近代历史上，遇到这种重大疾病的时候，总向一个让人不安的方向前进。

葛：很难判断下一步是会走对还是走错。我以前讲中国最重要的就是三条。第一条是天朝或者说天下帝国的传统，第二条是过于放大的百年悲情，第三就是中国崛起带来的感觉。这三条决定了很多人的心态。

许：被放大的悲情，这好像是一个非常大的困扰。

葛：所谓百年悲情，从另一个角度看，也是中国融入世界的过程，这取决于你如何理解。

许：我想起来，当年康有为还办了一个杂志就叫《不忍》。

葛：对，《不忍》杂志。

许：您说他们那代人看到那种动荡，那种迅速的变迁和不可控，怎么应对呢？

葛：我想人真正身处这个环境的时候，是不是真能感觉到那种动荡对以后有很重大的变化，也不一定。

许：日常很容易消解掉这些。

葛：为什么我说要把历史往前推远一点，这样再看，也许反而更能感觉到变化的剧烈。身处其中，那里面的每一天你不一定感觉得到。以前李鸿章讲"数千年未有之大变局"，可是那个时代的人，他可不一定体会那么深。但你要是有这个经验，那跟没有亲身经历的人还是不一样，它是事后的记忆和当时的感受的一个交汇。

许：日本给您提供的历史感受力是不是完全不一样？

葛：肯定不一样。我们看历史……怎么样说呢？第一是非常实用，在意历史给我们什么经验什么教训。第二，有太明确的所谓正反、是非、敌我的观念，所以历史被书写得非常简单。第三就是我们总觉得历史背后有一个历史规律，对必然性有某种崇拜。

许：对，迷恋必然性。

葛：可是日本人这三者都不像中国人。比如说他认为历史背后可能有神意，每一个死去的人在神灵面前都是平等的，这些观念我们是不大有的。

许：您是来东京大学做访问的嘛，在这个特定的时候，您主要在做哪些事情呢？

葛：我一直在讲，这是非常难得的一个机会，你没有在那儿亲历历史，可是你是在远处观看历史，而发生历史的那个地方是你特别熟悉的。所以我每天做笔记，笔记的名字叫《东京梦华新录》，在东京梦见中华。

许：这个名字好。

葛：这个新录的特点就是，我推开一段距离，不在国内在日本，反过来看疫情，倒是另外有一些感受。现在每天看小池百合子，苦口婆心地说不要三密（密闭、密集、密切接触）……日本政府很软，它没有那种巨大的控制力量。

许：从日本来看中国，也一直是近代中国一个重要的传统。

葛：对对。你发现没有，中国这些年，日本史的书翻译得很多。讨论大正民主，讨论为什么日本会走向战争，是在讨论日本吗？其实是中国问题意识在起作用。

许：您这么一说我想起来，上野是日本近代最大一场冲突发生的地方，是吧？戊辰战争。

葛：上野见证了德川幕府覆灭前最后的顽抗[1]。

许：这儿应该还有一些遗迹吧？

葛：这个不忍池，整个上野公园，都是宽永寺的地方，宽永寺是德川家的。彰义队在宽永寺里有纪念碑。这点很有意思，就像你去鹿儿岛看，西乡隆盛，他反明治政府，照样要立个铜像在那儿。即使在当时，西乡隆盛自杀以后，也没有那么多人谴责他。日本没有那么绝对的是和非，革命、反革命，或者说正义、非正义，不管你拥护还是反对这个政府，它都是意义。

许：咱们去看看那个纪念碑吧。

葛：好啊。

许：雨天在这儿散步真的很舒服，雨也不是很大。那是什么？

葛：鱼啊。有一次我拍了很多鲤鱼张开嘴巴的照片，

---

[1] 末代将军德川庆喜向讨伐幕府的新政府军投降之后，仍然有许多支持幕府的势力不愿降服。而上野就是当年以萨摩、长州为主的新政府军进入江户后，与支持幕府的彰义队激战的最后战场。

发给国内朋友看，他们说这是灾疫。这个鱼确实太可怕了，张开嘴，好像水下无氧气的感觉。

许：哇，真是。像那种日本志怪小说里描述的感觉。

葛：非常怪异。

许：是很让人不安的一个景象。很让人不安，但你又忍不住去窥探它。哎呦，这个鱼为今天的感觉定了调子，历史之口张开了。

葛：你看这个就是观音堂，据说是仿照京都的清水寺修的。观音堂里有一幅画，不让拍，是画上野的战争。

许：穿越不安的异兆，回到历史之中。

葛：今天虽然下雨，倒是凉快一点。我们很多次在这儿走路，一个人都没有。刚来的时候，上野这个地方可是人最多的。那儿到处都漂着船，但是有三个多月船都锁起来，前两天终于看到有开船的了，马上觉得这个世界就不一样了。

许：这个高等研究院有不同地方来的教授，你们是不是也会讨论这些事情，然后不同文化的反应会非常不一样？

葛：每周讨论一次，里面有研究公共政策的，有很杰出的物理学家，有研究青少年犯罪的，也有研究语言学的，当然也有研究历史的。从不同国家、不同学科、不同角度来讨论，确实非常有意思。比如我们会谈论疫情之后给中国带来了什么政治、经济、文化的变化。研究语言的学者，会分析小池百合子的语言，日本是怎么样用一些动画来宣传，等等。你会听到不同的声音。

许：您觉得作为外来者，他们对中国学者最好奇的是什么呢？

葛：我想我在东京大学给他们留下的印象可能就是，中国学者为什么那么政治化？为什么会是这样一种思维习惯，就是所谓深入暗层的分析方法？很多事情一分析，就要分析到好像很恐怖，很黑暗？他们会觉得根据你引用的东西，不能够得出那么深的结论。可我们会得到这个结论，因为我们生活在一个语言包装得非常完整、非常奇特的地方。就像刚才讲的，你必须有亲身的经验，亲历过这个历史，才知道这个修辞下面的一些事实。所以由此联想到，世界上很多研究中国的同行，为什么有时候分析会隔一层，就是因为他们没有这个经验。

许：如果碰到的是丸山真男这代人，是不是共鸣会更强？

葛：丸山真男跟我们有很多话语是比较接近的，你知道日本对丸山真男始终有一个评论，说他是近代主义者。所谓近代主义者，就是基本上仍然相信现代是必然的，而且民主、自由、平等这些普遍价值，是大家应该共享的，人类必须走到这个地步，这是丸山真男跟我们

共通的地方。但是你也别忘了，作为一个日本人，他不一定真的对中国那么了解。以中国为想象物，和生活在中国、亲历中国的历史，不太一样。

王赓武先生写过一本世界史，作为一个海外华人，他和中国没有太多直接的亲密接触，因此国家的问题在他的身上不是直接的，我给他写了一个评论，叫《山中人对山外人》。我们在东京这里，刚好也是在跟很多山外人介绍山中的情况。

许：每个国家的人都会觉得自己是山中人，别人是山外人，但中国这点好像更强烈，这种意识您怎么看？

葛：这个在学术界里面有一个说法，就是中国特殊论。我们都不否认中国有特殊性。

许：因为每个国家都有特殊性嘛。

葛：都有特殊性，但我们的希望就是，第一，还得承认，大家还是共享着一些共通的价值。第二就是，现在国际上现存的国际秩序，你是融入还是另起炉灶？你觉得这个国际秩序有问题，你去修正它，还是推翻它？第三就是这个特殊性，是地方性文化，还是普世性文明？如果是普世性文明，那就等于是要取代它。所以我觉得特殊性当然可以强调，但是不能强调得过头。否则世界上各个国家、各个文化、各个民族都不能沟通了，变成没有一体，只有多元。

许：过去一个世纪，我觉得中国知识分子身上那种作为一个很难解释、很难被人理解的山中人的感觉是很强的，一直到现在仍然是很强的。这样一种情结，在此刻怎么去评价呢？

葛：其实你说的这个问题跟我们最近在东京大学讨论的一个话题有关，就是什么是爱国主义。因为这都是爱国情感导致的。什么是爱国主义？爱国主义分成两种，一种是走向民族主义或者孤立主义的爱国主义，一种是对国家负责任的爱国主义。

后一种爱国主义有两个前提，第一个就是民主，这个国家是大家共有的，你有权利参与，换句话说，你是它的主人，而不是一个数字。第二个前提是自由，自由表示着你对这个国家负有责任，你可以批评它，你要让这个国家更好。

没有这两个前提，单纯抽离出来去谈爱国主义，它就会走向非常狭隘的民族主义或者盲目的爱国主义。盲目的爱国主义会绑架很多人，很多人听不得人家批评你这个国家，听不得任何的非议……我们也会有感情的，比如你要说中国这不好，那不好，我也觉得挺不是滋味的是吧？可是如果你要为这个国家好，你要不要允许批评？你总得听人家是不是善意的，是不是真的为你好。

许：刚才说的这些，其实也是一百多年前梁启超在东京时，他们那些年轻人讨论的核心，现在仍在重复这些讨论，没有走出去的感觉。想想是不是也挺感伤的？

葛：思想史跟知识史不一样。知识可以进化，它在不断地积累，上升。可是思想史有时候是不断地重复，一再回到原来的出发点。如果一个国家没有制度性的变化，很多思想就会重新来讨论一遍。1990 年代我写《中国思想史》的时候，就已经开始意识到，思想史有很多话题是在不断重复。这个其实不奇怪。比如说希腊哲学，它讨论的那个"being"（存在），我们到现在还在讨论。哲学是这样，思想史也是这样，它的变化主要是思想所处的语境的变化。这就是我们现在跟过去略有不同的地方。你要说我们跟一百多年前梁启超写《论中国学术思想变迁之大势》的那个时候比，好在哪里？也没见得好在哪里，好像我们现在还是在他的……都不能说是延长线上，好像还是在他原来的位置上。我们不比他们高明。

许：像您这一代年轻的时候都是受进步史观的教育，什么时候意识到原来进步主义是有问题的？

葛：其实我们还不到进步史观，我们是阶级史观，当然阶级斗争史观本身也是一种进步，好像社会是在不断地由低级向高级走。但是因为我们经历过太多这种事，不断地回到原来的起点，有时候会不会也不由自主地掉到另外一个传统中国的循环史观里面？也可能会的。

许：对，我们这代人最近就有这种感觉。

葛：中国从来都是以复古为更新，这说明中国社会始终在传统内变，没有在传统外变，要到 1894 年甲午战争、1895 年《马关条约》以后，中国人才开始发现在传统内不断打滚的这种修正不行了，于是要到传统外变。传统外变是什么呢？靠西方冲击，这时候整个就开始要颠覆，要彻底地改变，就从"中体西用"变成"西体中用"。有时候就觉得很奇怪，中国为什么总是要调个个儿？所以我们研究历史的人需要努力地跳脱非此即彼，或者是循环或者是进步这样的史观，把历史看得更复杂一点。

* * *

许：大概是 2007 年，您提出"从周边看中国"。这个想法最初是怎么诞生的呢？

葛：当时我提这个课题，实际上是觉得有一个问题，就是中国在很长的历史时间里是自己想象自己，可是西方的冲击来了以后，就换了一个方法，用西方作为唯一的背景来考虑中国。但问题是，首先西方本身不是一个西方，是很多的西方；其次，西方这个背景也太大了。我们能不能有更好的打量中国差异的镜子，用周边的不同角度来看中国？刚好我从 2000 年写完《中国思想史》以后，花了很长时间去看朝鲜的文献，于是觉得应该从朝鲜的角度来看中国；同时因为我和我太太来过很多次日本，觉得也应该从日本的角度看。再扩大一点，比如说从蒙古国的角度怎么看中国，从越南的角度怎么看中国，从印度的角度怎么看中国……如果有这样一些重新评价中国的方式，是不是可以从自我想象，到以西方为背景，再走到第三个阶段？这是当时的一个想法，所以就提出来"从周边看中国"。

许：它真的是提供了一个很新的视角。

葛：其实我们现在讲这些话都不新鲜，1920 年代到 1930 年代，很多人已经提到这个了。我们现在讲的，从日本、朝鲜文献来看中国，胡适在 1938 年就讲过了。胡适 1938 年代表中国第一次到苏黎士参加世界历史学大会，他的发言里就说，从日本、朝鲜发现的汉文史料来研究中国，这应该是四大发现之后的第五大发现。

许：说得多好。

葛：所以还是那句话，我们做的没有多少比前人高明的地方。

许：刚刚您说到读朝鲜文献，读日本文献，读安南文献，如果用简洁的语言来表达，在朝鲜人的心目中，中国是什么形象？在安南人心目中，中国是什么形象？

葛：相对来说，朝鲜跟中国关系最近。但是在明代，尤其是清代，就是 1644 年以后，他们越来越觉得中国文化是衰落的。安南不一样，五代十国的时候，安南独立，之后一直非常坚定地认为它的民族认同和国家独立，就是在反抗北方敌人的过程中形成的。我到河内去看他们的历史博物馆，它的整个历史就是反抗"北寇"，在反抗的过程中不断地成长，形成了一个共同的国家。日本也不一样，除了极少极少的时代，比如足利义满[1]那个时代，日本从来不在中国的朝贡圈，它和中国没有供奉关系。所以它对中国有非常微妙的亲近感，也有很强的疏离感，它的独立意识很早就形成了。但是更重要的，跟朝鲜一样，1644 年明清易代以后，日本认为这是华夷变态，中国就变成蛮夷了。在这个思想的基础上，明治维新以来，日本一直认为它才是真正代表亚洲最先进的文化，它是亚洲的领袖，所以明治时代对于中国的优势感，实际上在明清之届就已经种下了。

我们过去有一个意见，认为我们和日本一衣带水，同文同种，其实中国和日本差别大极了。举一个例子，我们很喜欢说中国的历史和文化绵延不绝，稳定性是最

---

[1] 足利义满（1358—1408），日本室町幕府第三任大将军。他在位期间，结束南北朝分裂局面，完成国家统一，成为室町幕府最盛期的缔造者。曾遣使赴明，在国书中奉明正朔，称臣纳贡，建立明日贸易关系。

强的，日本人说不对啊，你们那儿不断革命，一个朝代一个朝代不断更替，我们从有天皇以来，万世一系。所以宋代的时候，和尚奔然到中国来，见到宋太宗就讲，我们那里皇帝一个姓，一直到现在，宋太宗就感慨万分，你说人家是蛮夷，可人家能够稳定到现在，我们就不断地翻来滚去。所以中国是有革命传统的，这和日本不一样。我觉得现在更应该强调的是中国和日本有什么样的结构性差异，导致了后来的路径不同。

许：这种结构性的差异是什么呢？

葛：从政治文化角度讲，中国政权的合法性常常是靠两样东西支撑，一个是所谓神或者天，天命所归，神授王权，这方面日本有的。比方说 13 世纪最后几年，也就是所谓"蒙古袭来"以后，刺激了日本神国的观念，日本的《神皇正统记》里面就讲，大日本，神国也。蒙古把汉族中国都灭掉了，还灭不掉我，我是有神保佑的。但是有一样东西日本没有。中国认为合法性要以德配之，没有德我可以推翻你。所以中国就不断地朝代变更，而且凡是朝代变更就包装自己——我是有德，我才得到你这个位置。这一点，日本跟中国差别很大，天皇永远是天皇，只要有一点血统就行，他被贬到京都也好，再怎么样也好，他还是天皇。

好，这就带来第二个问题。日本天皇没有绝对的权力，所以日本不可能推行像中国那样的郡县制，反而日本是封建制，它对于国家的控制不是严丝合缝、滴水不漏的。文化没有同一性，政治没有同一性，所以它的空间很大。中国呢？书同文、车同轨、行同伦，都得一模一样。这带来一个什么问题呢？要颠覆，整体的颠覆，所以总是革命，不断革命。

再往下想，第三个差别就来了。咱们中国是文化从上到下，政治管理组织从上到下。以前费正清说中国的国家控制直到县，这是不对的，为什么呢？从长沙走马楼出土的吴简就可以看到，最底下的户、劳动力、人口，它都登记着，收你的税。像贵州的苗族地区，过去是土司管着，就跟封建大名管着一样，后来改土归流，成为编户齐民。再加上中国儒家教育非常发达，所以一直渗透到底下。可是日本呢？底下都是大名管着的，老百姓根本就不听你的，你的文化不可能渗透到最下层。所以日本的精英文化和底层文化是有很大差别的。这一点变成日本一个很大的特长，它在不断地修整精英文化，精英必须得改变自己，适应丸山真男所谓的"古层"[1]。

[1] "古层"是丸山真男晚年思想中非常重要的一个观念：日本思想在对外来思想的接受过程中，一直有沉积于最下层的"古层"存在。"古层"源于日本人的言语、地理环境、生产方式、宗教等诸多方面，具有强大的连贯性。依靠"古层"的力量，日本人在摄取外来文化的同时又修正之。

接下来还有一个问题，宗教。日本思想史的主轴是王权对神佛，是两极，宗教权力很大。中国不是的，中国王权和神佛是垂直关系。中国历史上有僧总统、道总统，或者叫僧统、道统，由政府任命的和尚、道士。这个是咱们中国的传统，一直到现在。我认识一些和尚，拿着名片出来，一看，处级、正处级和尚。日本的僧人、神职人员，不归政府管。过去比睿山的延历寺是有军队的。我们除了历史上传说的少林十八棍僧之外，哪里看到和尚庙里面有军队啊？连刀枪都不敢藏一个的。而且，日本人对宗教信仰的虔诚，跟中国人是不一样的。中国宗教因为没有神圣权力，没有绝对性，所以信仰者也不那么虔诚。鲁迅讲得最好，他说中国人信佛、信道就等于是买股票，是希望将来的股票升值赚大钱的[1]。

所以日本跟中国的差异并不来自思想的差异，而是来自背后的语境，也就是政治和社会的差异，决定了思想的不同。搞哲学的、搞文学的，为了提倡人类之爱，也许应该讲这个文化和那个文化很像，大家都有共同性。但是作为研究历史的人，更多的是讲，它们不一样。如果太强调一样，就没法解释中国和日本为什么在后来现

---

[1] 出自鲁迅《且介亭杂文·难行和不信》："例如既尊孔子，又拜活佛者，也就是恰如将他的钱试买各种股票，分存许多银行一样，其实是那一面都不相信的。"

代化的道路上，最后的结果是不一样的。

许：是不是从晚清那批人开始，我们对日本的近代变化，都是一个很大的误会，认为我们同文同种，他们可以发生，我们也可以发生类似的事情？

葛：你研究过梁启超，你也知道，他们那代人，其实受日本的刺激很大，但他们还是相信，不管中日差异有多大，还是可以走共同的道路，所以日本是一个模板。日本强化皇权，可以废藩置县，可以进行明治维新，那如果光绪皇帝有这个权力，也可以这样。日本信仰佛教，佛教带来很多好处，中国也可以信仰佛教，也能够刺激改革，所以梁启超不是也写了《论佛教与群治之关系》来谈佛教对于国家的重要性？在当时，这是很多人共同的观点。

比如蔡元培就非常相信这一点。蔡元培翻译了很多日本的书，他也认为中国应该像日本那样提倡佛教，而且它能够治理国家，所谓"佛教治国论"。那个时代，他们都太多地看到共同道路的可能性，其实如果再往下分析的话，就能看到以中国和日本在社会基础、文化结构和政治制度上的差异性，走共同道路是困难的。

许：这些年您看了更多周边国家的史料，这对您理解中国最直接的改变是什么呢？

葛：最直接的变化，简单说就是，我现在越来越觉得，就中国谈中国谈不了，必须放在更大的背景里来谈，中国的很多事情都跟周边各种历史事件有一种"蝴蝶效应"，当然我们需要找史料来证明。但是如果单纯地就中国谈中国，甚至有些人提出来，必须以中国解释中国，我是不赞成的。这个大概是对我最大的影响。

许：那比复旦更年轻的学生，他们会对这种陌生世界充满好奇吗？

葛：应该也有。但是他们从高中以来就接受传统的历史教育，形成了一套非常固定的历史观念。有一句话说得很苛刻，跟大学生讲历史，一个非常艰难的事情就是跟大学生脑袋里面的历史搏斗。比如说最近看到一些现象，是我不太赞成的，外国招中国的留学生做中国历史、中国文学，不愿意招学中文、学历史的人，愿意招学外语的人。当然他们也有道理，觉得学中文、学历史的人，脑子里面已经有一套成见，所以他们宁可找语言好，但是基础知识比较差的。这个对不对且不说，我想并不那么对，你怎么能把中国的历史知识都给清除出去？但问题是我们的历史知识是不是带来了太多的成见？有可能。所以你刚刚问的问题，的确，有的学生能跟进，有的学生不能跟进，他会愿意找一个熟悉的题目，更容易做。

许：对他者普遍缺乏好奇心，这个要改变起来非常非常困难。

葛：其实我们也有这个毛病，我当年来日本和去美国，接触的还是中国学者比较多，这几年，我才开始有意地去跟做日本史的人接触，跟做美国史或者做全球史的人接触。特别是这次做"从中国出发的全球史"这个节目，就逼着我要去学很多很多东西，你光看中国的资料是不行的，你必须得去学习新东西。我们以前的学习是喜欢把熟悉的东西做叠加，实际上没有质的变化，这样是不行的。

许：这几年在探讨全球史的过程中，您找到了一种独特的从中国出发的视角来看全球史，怎么描述这个视角呢？

葛：我们非常小心。从中国这个视角去看，但绝不是从中国的价值和立场去看，变成一个只是中国人能够理解的全球史，而是一定要有一个全球的眼光，和大家都能共同接受的价值观和历史认识的方式。

比如讲大航海，仍然认为大航海才是把全球连成一片，郑和下西洋并没有这个功能。但是有一点，如果从中国去看，可能会特别多地注意到哪些全球重要的历史事件对中国直接产生或者间接产生影响。比如大航海发现美洲以后，美洲的白银、美洲的食物到了中国，这非常明显，但我们希望找到的不是这些人所共知的东西。

举个例子，"海洋自由论"[1]，还有《威斯特伐利亚和约》，按理说都跟中国没关系，都是欧洲的事情，而且是奠定了现在世界基本规则的。但事实上这俩都跟中国有关。为什么呢？"海洋自由论"是因为一艘跟中国贸易的葡萄牙船被荷兰人抢掠了，因此要讨论海洋是不是自由的。那么"海洋自由论"又引起另外一个问题，西班牙人占领吕宋，但那时候中国仍然认为我是朝贡体系，吕宋是我的朝贡国，中国缺金子和银子，想到吕宋那儿去要。结果钦差大臣去了以后不管用，上了最高法院，发生了冲突。而且中国觉得红毛番和佛郎机怎么能在我这个海上乱走，但人家遵循的是"海洋自由论"。

许：里面是不是特别多意外的发现？

葛：我最大的感受是什么？我们知识太少，一找资料发现还有这事，一方面很开心，一方面很惶恐，觉得好像我们什么都不知道。但这也很正常，有人说过，做中国史的人做的是完全不懂世界的中国史，而做世界史的人做的是完全不懂中国的世界史，所以我现在最大的

---

[1] 1609 年荷兰人胡果·格劳秀斯（Hugo Grotius，1583—1645）发表《海洋自由论》，他认为，"海洋是取之不尽，用之不竭的，是不可占领的；应向所有国家和所有国家的人民开放，供他们自由使用"。这是历史上第一次提出公海自由的经典理论。此一理论的提出有其背景：在海上争霸的年代抨击葡萄牙对东印度洋群岛航线和贸易的垄断；为荷兰东印度公司的合法性进行辩护。

努力就是把这两者合起来。

许：实际上我自己或者说我们这代人会有另一种感受，因为我们上学之后，大多读的是西方人写的书，所以我们对世界的理解都是他们的视角，我连对中国的理解都是从海外汉学知道的。

葛：这个也是有问题的。我们这一代人是太多地看中国的东西，所以习惯用中国的逻辑、中国的立场去看。我们艰难的是，怎么样学会跳出中国的框架反过来看中国。但是你要知道，你不能代表你们那一代人，因为你是在北大受的教育，可能跟很多接受一般性教育的人还是不一样的。

许：我是到了三十多岁以后才开始思考，到底我们自己在说什么？等于变成一个重新寻找自己的过程。所以我看到您写这些东西就很兴奋，是从我们的视角出发，但又不是褊狭的，而是一个尽量去理解多样的世界的视角。

葛：希望是这样。我们自己原创的很少，甚至于能有所启发，能够颠覆传统的一些模式很少。为什么是这样？就是因为我们对自己的历史解释，不能够既从我们出发，又跟世界的眼光互相融合。像日本的很多书其实写得不错的，可是我们了解不多，那我们会不会变成戴着欧洲的眼镜来看日本？

许：是，我这个问题就在这里。您看我去很多国家旅行，去埃及，去印度，去马来西亚，最后发现你所有的视角，其实是英语世界给你规定的，因为只有他们有最详细的记载，有最充分的视角，就变成你没有中国知识对它们进行分析。我们好像一直没法清晰地描述我们是怎么看别人的，让他们理解我们在说什么，这是一个特别大的问题。

葛：你发现没有？西方人很少引用中国人讲日本的书，而是直接面对日本去梳理。可是如果像我们刚才讲的，通过中国和日本的政治文化的比较，再来看日本的话，跟西方的视角还是不一样。这可能是将来我们有可能在某些地方超越他们、补充他们的地方。西方人如果借助中国的眼睛来看日本，肯定还能看到很多他们自己看不到的地方。

另外，我觉得有些地方我们要向日本学习。在我们这行，日本是费了很大力气，把自己觉得重要的东西翻译成英文，不管三七二十一就送给人家看。我写过一篇文章讲 1893 年万国宗教大会，日本去了十几个人，带了什么呢？带了几万册书，送给各路来人。中国呢？去了一个人，这个人不是宗教代表，是个官员，驻美国大使馆参赞，是个福建人，跟我同乡，去了以后哗哗大讲一通。这个态度跟日本的态度很不一样，日本是非常努力地要把自己的想法、自己的视角、自己的立场拿去告诉你。中国不，中国是天朝大国，反正我讲一通，你不听拉倒。

许：最近我又重新看了您写的1920年代整个中国学术重建的过程，真是一个很激动人心的时间段。他们既要继承传统，又要从外部借鉴，来创造一个新的可能性。如果1920年代学界能够传承下来，我们可能已经发展出很成熟的一套系统了。

葛：1920年代的那些主力，其实都是跟国际学界有沟通的。1927—1937年，是所谓的黄金十年，因为军阀的时代基本上过去了——当然不是说没有军阀，然后象征性的国民政府统一以后，很多法律、制度有一个逐渐的发展契机，所谓的"五法""六法"[1]那个时候就出现了，包括建立了很多国营广播电台，各个大学的正规化……国家性的建设整个开始。

同样在1927—1937年，我们这一行出现了很多成果。我总结当时历史研究的情况，第一是时间缩短，1920年代"古史辨"开始把神话和传说从历史里驱逐出去，建立了科学的史学。第二就是空间放大，中国不再只研究汉族这一块，满蒙回藏，甚至更大的范围，都

---

[1] "五法"即国防法、国家安全法、军事设施保护法、保守国家秘密法、反间谍法等五部法律的统称；"六法"指宪法、民法、商法、刑法、中华人民共和国民事诉讼法、中华人民共和国刑事诉讼法。

开始研究。第三是史料增多，发现了很多新史料，甲骨、敦煌、竹简、大内档案……虽然其中有些史料发现的时代比较早，可是在 1920 年代到 1930 年代开始发酵。第四个就是问题复杂，有各种新的理论，各种对于历史的新看法，包括马克思主义、唯物主义都来了。

这样一来，1920 年代到 1930 年代，学术上就出现了一个非常辉煌的时期，就像陈寅恪讲的，那个时候中国学术进入世界主流，而且世界主流很重视中国学术的成就，比我们现在占的份额要大得多，现在实际上我们没有能引起太大注意的成果。可是这个时代突然被打断了，一方面是日本侵略，在某种程度上打断了中国当时整个现代化的过程。另外一个就是救亡运动。因为抗战救国的时候，民族主义逐渐成为主流思想，所以就出现了以民族主义、中国特殊、中国文化优越来解释历史的方式。这种解释，历史国际学界不大能够接受。比如钱穆写《国史大纲》，写得非常好，但问题是他背后是民族主义或者爱国主义的那种情感，其实是依托于抗战时期的背景的。脱离了抗战的背景，别人看来就觉得，中国本位立场、中国特殊论太厉害了。

许：对，他有他很现实的语境。

葛：现在学界最主要的问题就是在意识形态影响下，你选择的题目跟别人心目中的兴趣相距太远。你说我们的先秦哲学，唯物的还是唯心的，人家根本不要看。真正要让人家要看，恐怕还是，第一你有你的特殊性，第二你有你的普遍性。

许：就需要再写新的一章，何为中国，那时候中国的特殊就会更显著出来。

葛：对，反过来说，从历史上看这个中国是什么，然后为什么中国会走到这一步，这是个大问题。

许：也是个大题目。天色也不早了，等您回国我们再见。这次你们在外面待了五个月，再回去，会不会有不适应感？

葛：好像没有。

许：因为以前经历了很多起伏了。

葛：上去下去，上去下去。

·

那个时候所有的文化热本质上还是政治热，要求改革开放

许：1960 年，你们是从北京来到凯里是吧？

葛：当时从北京来了四家人，我们 10 月份从北京坐火车，坐到柳州，从柳州倒着坐到贵阳，在贵阳住了一个月后，这四家人就被发配到凯里。

许：南下一路上花了多长时间？

葛：从北京到贵阳是三天三夜，然后从贵阳下来，总得一整天吧。

许：当时也是叫下放吗？

葛：下放。

许：下放，是成分不好吗？

葛：不是成分不好，庐山会议的时候我父亲受了牵连。我们家是在外贸部，这四家都是外贸部的——里面有一家非常有名，曾是蔡元培的秘书，叫高平叔。

许：是他啊，我还看过他编写的《蔡元培年谱》。

葛：他当年创办了国际经济研究所，后来并到贸易

部，和我们一起分到凯里。这里哪有外贸？结果管什么呢？管蛇、穿山甲、娃娃鱼、乌龟、黄牛这些，往哪儿呢？供给广东和广西，尤其是广东。

许：您刚来凯里时对这里什么感觉？

葛：我那时候太小，但我父母很清楚，说肯定会非常艰难。

许：您爸妈对您的影响是什么呢？

葛：我父亲不是学我们这行的，他原来在暨南大学，先学法文，后学英文，然后学外贸。新中国成立前，他在上海海关工作，后来去了南京的军政大学当教官，结果随着军队就南下去接管福建的外贸。他世界知识很多，以前被下放过一次，在天津一个中学，居然去教世界地理，所以他根本也是乱来的。这个大概对我还有点影响，我考大学的时候，历史、地理分数是全省无与伦比的高。

我母亲读的是上海教会学校，学助产，所以她会点英文，后来在北京教书时，在北师大读了一个生物学学位，再后来在天津教书——现在天津最好的学校之一耀华中学。我母亲还是1959年全国"群英会"的代表，跟毛主席有合影，但是没有用，照样下放。她在凯里二中当代理校长，但那个落差太大。所以他们跟我们几个小孩非常不一样，他们从来不认同贵州，不吃贵州菜，任何贵州的习惯都没有。

许：从味道上就排斥。

葛：是。"文革"结束后，外贸部来问我父亲，愿意回北京呢，还是愿意回老家？我父亲那时候已经快六十了，说回福建。福建人很奇怪的，一定要叶落归根。

许：我看您写的回忆，葛家的祖上阔过是吧？

葛：现在我回不了我家了，因为我家收门票，十块钱。（笑）

许：所以您父亲小时候是个公子哥是吧？

葛：绝对公子哥。我爷爷是中国最早的海军陆战队的副旅长，我爸爸以前就很得意地跟我说，暨南大学抗战的时候退到武夷山里，他腰上捆一圈大洋，饿了就从里面摸出一块来，那时候一块大洋很值钱的。所以我老说我父亲，你算了吧，你从来没吃过苦。我父亲是一心想革命，一心想进步，就是乱说话，结果老是犯错误。他参加革命那么早，到最后也没混到个什么官，老是被整。

许：还是公子哥的劲。当时家里气氛是怎么样的？突然到了凯里，生活变得很艰难。

葛：也没什么，开始的时候也不能算特别艰难，就是贵州"三年自然灾害"确实很苦。我是家里老大嘛，我记得那个时候我到食堂去把蒸的罐罐饭端回家，过街的时候要装作没有饭，遮得严严实实，不能露出来，露出来就被抢。家里东西都卖掉了，换吃的。我父亲是个老饕，特别能吃，特别会吃，他宁可把东西卖了也要保证能吃。

我家有一个宝贝，我奶奶传给我的，是核舟，就是桃核雕的船。那个船一点点大，八扇窗户，打开还可以看见人，船底刻了苏东坡的整首《赤壁赋》，明代魏学洢写的《核舟记》，就是写这种，我家那个是清代的。我从北京带到贵州，结果怎么不见了呢？后来我才知道，卖了，换了两瓶猪油，就两瓶猪油。我父亲一副象牙的麻将，从上海带过来的，也是换了吃的，家里面好赖有点东西都换了吃的，哎呀那个时候真是……

所以你要说特别艰难，也没有艰难到那种程度。后来好一点了，全靠我母亲家从上海寄东西来。但问题是我父亲总是犯错误嘛，"文革"的时候坐牛棚，我母亲又是资本家的女儿，结果也是坐牛棚，等于我们三个孩子就没钱，得自己去想办法。所以我干过很多活，比如去河边筛沙什么的。但也没有觉得特别苦，真正苦是下乡，在大田那三年最惨。那时候父母亲没有解放，第一年政府给油票、粮票和五块钱，到第二年没有了，所以我为什么后来要去打瓦、挖煤、卖柴？也是这个原因。

许：当时一起去的不是有四家人吗？他们怎么样？

葛：我们的处境跟王小帅《青红》里描述的中央厂矿不一样，它是一个集体，一下子几千人都是外地来的，他们之间互相有认同。我们这些人虽然是从北京来的，但跟当地人合不来，跟他们也合不来，就夹在中间。

许：你们这四家真是孤零零的。

葛：对，现在回过头来看，这几家人好像还是有点不一样。比如高平叔，"文革"一结束他就回天津当天津师范学院的教授。还有一个姓陈，他是东京帝国大学的博士，"文革"还没结束，他就回北京对外贸易学院当教授去了。只有一个，姓韩，是西班牙语的翻译，他比我爸爸还年轻一点，后来一直没出来，我们走了他还在那儿。

许：所以你们四个家庭其实是非常国际化的，又是东京帝国大学毕业，又是蔡元培先生的秘书，一个典型的知识精英的小团体。

葛：高平叔当然是我们这几家人里地位最高的，他的夫人是莎士比亚专家，但他们家到凯里以后，他在图书馆当管理员，他夫人等于变成家庭妇女，没有工作了。

许：莎士比亚专家做家庭妇女。

葛：她在凯里成了一道风景线，为什么呢？她好高，长得也洋气，拿个扁担，挑两个篮子，前面一颗菜，后面一颗菜，老乡看见就指指点点。"文革"的时候说他们家褥子底下藏的都是钱，后来抄他家，大概果然是。

许：凯里的"文革"厉害吗？

葛：不算特别厉害。

许：那个时候您是什么状况？

葛：我们是"黑七类"，都集中在一个农场劳动，最大的困难就是吃不饱，在劳动。但其实"造反"起来以后就没人管了，我们就溜回来了。到 11 月，他们都串联，都去见毛主席，更没人管我们了，我们就自己也串联，去见毛主席去了。

许：那您跑北京去了？

葛：我跑北京去了。我和两个人，一个上海人，一个广州人，一溜烟就逃到了贵阳，在贵阳南站，坐火车。一辆特慢的车，过一会儿就停，过一会儿就停，但是不能下车，下车你就上不来了。六天六夜，终于开到北京。

许：你们三个跑到那儿去，要找什么组织吗？

葛：有什么组织？你说你是红卫兵，自己缝个红袖章，然后糊上。

许：蹭吃蹭喝，一路蹭。

葛：到了北京，糊里糊涂上了一辆车，刚好拉到清华。我记得是 11 月 26 号，凌晨 3 点起床，走路到西郊机场，你知道清华到西郊机场得有多远。到了那儿，天蒙蒙亮，就在那儿等，一直等到下午 4 点 12 分，饿得不行了，毛主席来了。毛主席坐第一辆车，我们三个人假装是少数民族，编在民族排，和藏族人、蒙古族人、维吾尔族人在一排，排在最前面，这下好了，看清楚毛主席了。尘土飞扬，毛主席的车哗一下就开过去了。第二辆车没看清楚，就看清楚了第一辆。看完以后，全部没人管，自己走路回去，游兵散勇，简直狼狈不堪。

许：什么时候意识到，可能时代要变了？

葛：我觉得还是 1971 年以后。

许：您真正开始看书也是那个时候？

葛：是，那时候我当工人，看书看得蛮多的。白天劳动，晚上没事，而且晚上有灯了嘛，不像农村，煤油灯，早上起来鼻子都是黑的。

许：那时候书从哪里来的？

葛：有好几个地方，一个就是高平叔，他从一级教授降到三级教授，从三级教授降到凯里师范当图书馆管理员。凯里师范是凯里最高学府，从那儿可以捞一些书来。还有一个地方是县文化馆，那时候县文化馆已经封起来了，我从窗户进去，把书偷回来，偷来就不还了。

许：主要看哪些书呢？

葛：那时看了很多内部出版的匈牙利史、日本史之类，但我始终记不起来是谁给我的。还有就是苏俄解冻以后的小说，《叶尔绍夫兄弟》《多雪的冬天》《你到底要什么》，这一类书看得特别多。还读了李约瑟的《中国科技史》，当时大陆还没有译本，是陈立夫翻译的。

许：那时候怎么想自己的前途呢？也二十多岁了。

葛：也想改变。1977 年，我们凯里一中一共有六百多个学生，三百多个参加高考。

那时候我正在乡下供销社，搞小秋收呢。所谓小秋收就是收药材，收烟叶子，收皮毛。一听到恢复高考的消息，马上回城，跟我父母亲说，要考试了。他们的反应就是，你们三兄妹都要参加高考。我读过初中，但立体几何、三角函数这些我没学过，用一个半月把高中数学全学完了，最后考满分，考完就忘了。

许：一种被激发出来的求生本能。

葛：而且我还教了我弟弟，你想，我弟弟一个小学生，数学考了 75 分，真厉害。

许：当时您为什么选择了北大中文系？

葛：没专业可选，就这一个专业。我第一志愿报的北大，第二志愿复旦，第三志愿武汉大学，不取就算了。但是我弟弟不敢，因为他只有小学程度。他报的第一志愿是四川大学，第二志愿是贵州师范学院，第三志愿是凯里学院。结果他考得还挺好，考上了四川大学。

许：当时怎么通知你们的？

葛：发信封，我一看到"北京大学"四个字就知道了嘛，连拆都没拆，就拿回家去给我母亲看。我是 2 月 22 号还是 23 号拿到通知书，28 号就要报到，所以马上准备行李。但是有个纠缠。我是五年工龄以上，带薪水上学的，要跟供销社打纠缠，你得给工资，而且上学不仅要有录取通知书，还要有供销社的盖章证明，还好这个供销社还算开明。

许：当时您在供销社工资多少钱？

葛：四十块钱。

许：那在当时不少了，那您在北大日子过得不错。

葛：我在我们班上是首富。而且我是北大第一个在北大学报上发表论文的本科生。你知道那篇论文拿多少钱？一百二十块。

许：啊？这么多钱？

葛：北大学报很厉害的，十块钱一千字。我得了这一百二十块钱，请我们全班吃了两回涮羊肉还没花完。

许：刚去北大是什么感觉？

葛：没什么好感觉。我去的时候是 2 月底，到处刮黄沙，空气特别不好，在贵州待着空气好。而且一开始又不让上课，去修五四操场，拿铲子刨煤灰，搞了一个星期。搞完一星期，也不让我们休息，干嘛呢？开批斗会，批完这个批那个，差不多到 4 月才上学。

许：那时候学习气氛特别浓烈吧？憋了那么多年，突然有机会学习。

葛：学习气氛是很浓，不过开始的时候，说实在话，还是关心政治。你知道北大，它的传统就是闹嘛。

许：您什么时候认识钱理群老师的？

葛：他一来我就认识，他是 1978 级研究生，不知道听谁说我是贵州来的，他就来找我，我们就认识了。

许：当时您二十八岁，在班里算大的学生吗？

葛：我们班上十九个人，我算老五。前面有四个，三个是 1947 年的。我太太最小。

许：那种紧迫感特别强吧？

葛：对，经常晚上到路灯底下去看书。

许：刚刚说到您在学报上第一次发表论文，那个时候对自己未来的道路想象过吗？

葛：基本上已经想到了我可能会走学术这条路。因为我很早就写文章嘛，写剧本，写小说，也发表过诗歌，但是正经学术论文确实是 1981 年年初才发表的。当时很轰动，因为基本上没有本科生在学报上发表论文。

* * *

许：1978 年您到北大，1981 年选举，正是很热闹的时候，您当时什么感觉？

葛：当然卷进去。整个学界、思想界、文化界有一个非常大的变化，就是在 1980 年代。你知道那时候有一个"文化热"，用传统文化当替罪羊，去批评当时的现实政治。

许：荆柯刺孔子，是吧？

葛：对。为什么我一开始就写《禅宗与中国文化》《道教与中国文化》，其实还是不敢直接批评，只能曲里拐弯地通过文化批判来谈论政治。那个时候所有的文化热本质上还是政治热，要求改革开放。

许：但是您学这个专业，做这个研究，跟当时文化又是有点距离的。

葛：因为文化热里有不同的取向。一个取向是觉得中国应该科学化，比如金观涛他们搞"走向未来"丛书；第二个取向就是中国和世界融合，以甘阳为代表的《文化：中国与世界》；第三个就是中国文化书院[1]代表的，冯友兰、汤一介、庞朴他们；第四个，就是上海人民出版社出版的"中国文化史丛书"，通过文化史来批判政治。如果再加上一个，就是小说里面的寻根。

许：韩少功他们那批。

葛：对，其实这些应该说是一个方向，不同记录，

---

[1] 中国文化书院是 1984 年由冯友兰、张岱年、朱伯崑和汤一介等共同发起，联合大陆、港台和海外数十位著名学者共同创建的学术研究和教学团体。宗旨是继承和阐扬中国的优秀文化遗产，学者们完全自由地根据其个人立场进行学术研讨和教学。

最终还是跟政治有关系，从历史和文化角度来谈，为什么不能开放？1989年以后，又形成一个新的群体，里面有十几个人，包括我、陈来、汪晖、梁治平等等，后来还有搞哲学的何怀宏，经济学家里有樊纲。这个群体当时就不断地折腾，一个是讨论学术，另外还编了《学人》[1]杂志。

许：《学人》编得非常好。我是1995年上大学的，我们深受你们这批人的影响。

葛：《学人》这个群体跟1980年代的"文化热"有点不一样，它是用学术包装起来的，就是说它看起来很学术化。可是李泽厚不干了，他当时在《21世纪》上讲了一段话，很有名，说这是思想家落地，学问家上天。他讲这个意思就是说，你们都不重视思想了，就讲学问。其实不是的，1990年代后，文化英雄转向另外一批人，像王国维、章太炎、陈寅恪、胡适，这些人变得很受重视。但其实借着学问家，仍然是在讨论思想。你想王国维被人记住的是什么？记住的是"独立之思想，自由之精神"，不是他考证甲骨文、研究蒙元史。陈寅恪被最多人记住的是什么？也是这个。所以看起来好像是一个

[1] 1991年11月《学人》第一辑出版，2000年4月《学人》第十五辑终刊。由汪晖、陈平原、王守常三人主持。

学术史的转向，实际上学术史背后仍然是政治，试图通过这样一批人去讨论背后的问题。为什么那个时候学术了不起？他们为什么一下子就站在时代的前沿？这就是当时讨论的问题。1990年代是我读他们这一批人读得最细的时候，就是当时这个大背景在推动。后来我写了关于陈寅恪的文章，题目就叫《最是文人不自由》，其实讨论的核心问题是自由，不是讨论他的学术。

许：骨子里头还是一样的。

葛：所以这蛮有意思的，实际上那两个时代基本上都是以曲折地批判政治、主张改革开放为主的。但是1997年以后就开始分化，因为经济起飞了，很多取向就不一样了。比如法学家就特别强调法制建设，经济学家就说市场，文学家就说要批判现代性，历史学家就说现在要回过头来从历史里面去寻找，后来后现代也来了，左派右派、新左新右都来了，大家的想法都不一样了。

许：所以1997、1998年的时候，这个学术共同体开始瓦解了？

葛：就崩溃了。如果没有一个明确的批判对象，这个群体就会分崩瓦解。以前孟子讲"国无外敌，国恒亡"，就是这个道理对不对？一定要有一个强大的他者，我者才能团结起来。后来大家就分化了。我记得1996、1997年的时候，樊纲开着车来了。我的天啊，我们能坐面的就不错了，他居然开个车来了。

许：经济学家最先发财的。

葛：还真是。从 1980 年代这样一步一步过来，真是个蛮有趣的思想的变化，它本身，按理说也是思想史。

许：那个时候，金观涛提出"超稳定结构"[1]，您最早听到的时候是什么感觉呢？

葛：我觉得从最后结论上来说他是对的。但问题是，他的分析太依赖社会科学那一套结构式的方法，就显得很机械。其实中国的皇权是政治权力、宗教权力和知识权力三合一的，加上有郡县制，把皇权渗透到社会最底层，再加上有知识分子通过科举制来维护，所以它的稳定性很强，不可能有任何动摇它的力量。这样讲比金观涛那种太科学化的分析要容易理解。其实不必要那么科学吧，我们做历史的人也照样可以讲。

许：您怎么看唐德刚的"历史的三峡"[2] 这个比喻？

---

[1] 20 世纪 90 年代初，金观涛、刘青峰合作完成《兴盛与危机：论中国封建社会的超稳定结构》一书，提出中国古代的帝制政权是一个超稳定系统的假说，并用这一套模式去解释中国社会、文化两千年来的宏观结构变迁及其基本特点。

[2] 历史三峡理论是唐德刚提出的关于中国社会政治制度转型的理论。他把先秦以来的中国政治社会制度变迁分为"封建、帝制与民治"三个大的阶段，共出现两次转型：第一次大转型，自公元前 4 世纪"商鞅变法"起到秦皇汉武之间，实现了从封建转帝制；第二次大转型，发端于鸦片战争之后。而转型并非顺流直下，是个长期曲折的过程，如水过三峡。

葛：我觉得"历史三峡"这话也没错，关键是提出一个概念很容易，但提出这个概念的历史论据是什么？分析逻辑是什么？总得要讲出一番道理来。"历史三峡"这个概念我也同意，只是说唐德刚讲得太简单了。

许：那如果是您，您会怎么应对这个概念呢？

葛：当然我们可以把秦汉以来核心区域的皇权制、儒法合一、知识分子科举化这些都纳进来，但有几个因素还得考虑。第一是族群，族群变动和族群带来的政治变化。第二，既然考虑到族群的问题，就要考虑到宗教信仰。为什么中国的宗教信仰不能像欧洲的宗教信仰那样产生那么大的具体权力？而且为什么所有的宗教最后都儒家化，而不能保持它的意志性？如果你考虑了宗教这个因素，接下来第三，你再考虑地域，南方北方东方西方的差异性，怎么样啮合在这样一个强控制的政府下面。所以这个三峡的因素就非常复杂。现在的三大困难都是历史遗留下来的。第一地域宽广，族群众多，所以控制成本很大。第二权力太集中，地方没有自主性，皇权说一不二，一旦你决策发生错误，所有的都发生错误，没有地方力量可以求证。第三就是意识形态太强大了，而且太单一化了。

许：刚刚您说到，在 80 年代"文化热"的时候，写《禅宗与中国文化》来回应，为什么选禅宗这个题目呢？

葛：当时对文化会有一种想象，儒家导致中国人的什么性格？如果有别的宗教，会不会有所改变？

还有就是，禅宗有一个很大的特点是它提倡心灵自由，把心作为评价真理的唯一尺度。我心就是佛，就像王阳明说我心就是宇宙。我当时选择这个题目，跟整个的批判潮流是一样的，所以一写出来就马上重印。

许：那是您第一次正式在全国范围出名吧？

葛：对，因为那个书后来又得了第一届全国图书奖。那届可厉害了，发奖的人是邓力群。

许：真的？邓力群给您发奖？天啊！

葛：邓力群发奖，我们有十个人得奖，但是我一捏那个信封，心就凉了，太薄了。

许：奖金太少了？

葛：一共就二百块钱。可是还有比我更惨的，我旁边坐的是季羡林，他也得奖，结果那书是十个人写的，等于一个人二十块钱。后来季先生买了二百块钱油票，给每个人寄二十块钱油票。我拿了那个钱，就去旅游去了，到了九寨沟、张家界、峨眉山，到了西安、大同，转了一个月。

许：二百块钱可以转一个月？那可以啊。

葛：我和我太太，我们俩转一个月。不过那个时候坐车是坐卡车，不要钱的，住旅馆是三块钱那种。

许：1990 年代您又写了《中国思想史》，这样一个浩瀚的工程，您是怎么动工的呢？

葛：开始是在清华给学生讲课。在清华讲了两年，两个课，一个是古代中国文化常识，一个是中国思想史，大概从 1996 年开始讲，边讲边写，那个稿子现在还在，都是手写的。讲完后，学生们跟你讨论，能讨论好多问题。

到九期都讲完以后，我就重新拿电脑写出来，这就成了第一卷。那是 1998 年。刚好那一年我去了日本，不上课了，就把整个书稿打印出来，就这么传开了。说实在话，讲课在我的工作里面占的比重非常非常大。

许：您是挺喜欢讲课的是不是？

葛：原来特别喜欢，现在越来越不喜欢，因为现在这些学生不吭声，没反应，这有点麻烦。

许：我还挺好奇，80 年代您开始研究禅宗，到 90 年代开始转向对思想史的研究，这个转变是怎么发生的？

葛：很多人会觉得我特别敏感，但真的不是敏感，应该说就是三个基点。第一个基点，跟国内的政治形势有很大关系。比如 80 年代，通过文化来批判政治，像我写《禅宗与中国文化》《道教与中国文化》，其实都带有现实批判的意味。到了 90 年代，写《中国思想史》，也跟政治有很密切的关系，讨论的最主要的问题就是现在的政治状况和社会状况是怎么样从古代走过来的。

第二个基点就是，我很早就开始看国外研究中国的书，他们的问题意识和关注焦点跟我们的差异，对我刺激很大。2000年以后，我关注东亚和中国，就受到海外各种新观念、新方法和新焦点的影响。比如我们现在特别关注东南亚高地，其实是跟这三十年来欧美出版了几乎有三四十种东南亚高地方面的书有关。

第三个就是，我们是在不断地反省前面那一代，因为前面那一代受意识形态影响很大。所以从80年代，尤其是90年代以后，开始跟民国那时候的一些问题和实物对接，我们现在关注的很多问题，就是人家那个时代关心的事情，比如西北史地学、蒙元史、敦煌学，这些问题在那个时候断掉了，我们等于重新接上。

这就是我们的三个基点，现实，海外，再就是学术史的传续。后来我做全球史也是这样的，都基于这三个方面。

许：那民国时候那些知识分子、学术人，对您来讲，个人情感上最有呼应的是谁？

葛：胡适，我总觉得胡适是对我影响最大的人。

许：您觉得胡适身上最厉害的是什么？

葛：我觉得还是那种温和而坚定，这是胡适最大的特点。他非常坚定，他的自由主义理念从来没变过，无论是面对蒋介石也好，面对美国人也好，面对共产党也好，他没有变过，他从一开始就坚持这个理念，一直到他死。我想这个是很难得的。而且还有一点，他的自由主义不仅仅是感觉上的自由主义，而是在他分析任何问题的时候，能作为他最基本的立场表现出来，这个真是不容易。

许：您觉得他在世界范围里算被低估吗？

葛：我觉得是。

许：他应该进入哈耶克他们这个行列？

葛：从理论贡献上，他不像哈耶克，其实胡适的理论并不是那么深的，如果单纯从严谨的学院的学术来看，他不一定是最顶尖的，或者说不像王国维、陈寅恪，他们应该是纯学院派的学者的典范。问题是胡适在中国，不仅是理论，而且是实践，他的实践对当时的中国是最重要的，而且他的理论和实践是一致的。胡适一方面是学院派，一方面他也是一个公众人物，他对学院的引领性的成就要比王国维和陈寅恪更重要，是因为他不断地开新领域，开风气之先。这是他了不起的地方，也是我认为他对社会、学术和政治影响比较大的地方。

前有梁启超，后有胡适。他跟梁启超也不一样，他是一个立场始终如一的人，他跟政治的关系也是我有我的立场，我尽管可以跟你合作，但是我也要批评，这是胡适了不起的地方。一个人始终如一，理性清明，对公众发言，是非常值得佩服的。

许：您对鲁迅是什么感觉呢？

葛：我虽然很喜欢鲁迅，但是我不喜欢他那么尖刻，他当然很了不起，他的文字也确实是犀利得不得了。有时候你很难想象一个人的笔就像一把刀，好像每一笔都刮出人家血来。这个太可怕了。你又觉得他很了不起，他比别人看得透。

许：傅斯年呢？

葛：傅斯年当然也很了不起，傅大炮嘛。怎么说呢？他是一个天才的组织者，是一个很好的学术领袖，但是在我心目中，他跟胡适不能比，再说毕竟胡适还是他老师嘛。

许：您在复旦也要做一部分学术领导工作，您怎么评价这种工作，包括学术组织本身的重要性？

葛：我只能是一个失败的学术领导者。学术领导和组织者有两种。一种是提出理念，引领学界转型换代，这种不是具体的组织者。另外一种像傅斯年这样，他做实习所，要组织提课题，选择人才，然后不断地跟政府打交道。这一点傅斯年比我强得太多了。我卸任的时候就讲我不是傅斯年，他那个本事我们都没有的，他跟政府打交道要拿钱，他要招好多人，然后招人的时候还有一个理念，叫掐尖主义，只有最好的他才要，而且他政治洁癖也很厉害，凡是跟日本人合作过的统统都要开除，这种斩钉截铁的方式，如果不是一个宽容的制度容忍他，恐怕不行吧。所以说，1920 年代、1930 年代，其实学术界的空间相当大。在我看来学术能不能好，学术空间是一个非常重要的条件。

再比如说，季羡林先生从德国回来，才过了一个星期，汤用彤跟胡适商量说，他可以当副教授，他就当了，他什么没做过，他就当了。

我们那一代人，做好事可能很伟大，
做坏事照样很可怕，因为底线曾经被摧毁过

葛：刚才走的这条公路，我当年无数次走过，就是从凯里到我下乡的这条路，九十多里，走九个小时。

许：为了省那公共汽车票钱是吧？

葛：一块八毛钱，很贵。

许：我看您回忆说，本来是希望自己去插队，妹妹就不用插队了，结果妹妹还是去了。

葛：对啊，结果还是得去。她下乡的那个地方，叫大猫山，就是以前老虎出没的地方。

许：第一次插队，分到大田村，您是怎么过来的？

葛：我们坐大卡车，一整个中学下乡的大概有三百人。有一批比较被照顾的，就在大风洞，那儿在湘黔公路干道那一块，比较发达。被学校不喜欢的这一批，就搁到白蜡公社。可是车只能开到大田，后面那十里路就得靠走。所以我还算好，因为我是"反革命分子"，要人监管，就搁到大田，不用走那十里路。

许：当时带了什么行李？

葛：很简单，被子，褥子，衣服也就是两套。一把锄头，一把镰刀，一把柴刀，还有一口大铁锅，是政府发的。

许：这儿的气候怎么样呢？

葛：夏天没有那么热，冬天很冷，如果冬天下雨那最可怕。

许：那怎么办呢？

葛：就烧柴，烤火。所以我们最大的一个工作就是挖树根，树根烤火最好了，烧的时间长，尤其青冈树的树根，特别好烧。

许：村里人怎么看你们这些知青？

葛：他们肯定不喜欢我们。这是很自然的，土地就那么多，你来了他要分一份口粮给你，这是一个。第二你的生活习惯跟他们也不一样，你们又不会干活，跟他们格格不入。还有就是，他们也觉得你们不太像要接受我们的那一套，用毛主席的话，接受批判然后再教育。

但是有一次对面杨家的老婆难产，我翻过这个山跑到了香炉山，四十分钟就跑到了，然后拽了一个三四十岁的女医生过来，救活了大人，小孩死了。因为这个事情，杨家就跟我关系特别好。

许：算有救命之恩。

葛：也说不上，就觉得这个人不错。我们那儿看病，一般是找一位姓白的，叫"鬼师"。

许：就是巫医是吧？

葛：巫医，结果他不会看女人的病。可是有一个非常神奇的事情，后来我还写了一篇文章，是什么呢？有个姓姚的知青，左脚被毒蛇咬了，那时候要是赶到香炉山救，肯定没命了，就请他来，他就在那儿念，念完以后就跑到山上去了。过了一会，满嘴嚼着乱七八糟的草药回来了，结果把这个草药包绑在他右脚上。

许：左脚被咬，放右脚上。

葛：对，过了三个多钟头，左脚伤口流出黑血。真邪门，这是我亲眼所见。

许：这神奇。这怎么解释？

葛：不知道，搞不懂。这鬼师不久就死了，他的这套也没传下来。

许：好可惜。

葛：等一下我先去老海家看看。刚到大田村那个晚上，老海的叔叔已经帮我们搭了一个棚子，底下搞个灶，所谓灶就是底下挖个坑。我们到山上捡了一点松树掉下来的松毛烧火做饭。那天下雨，好凄惨。没有电的乡村，到了晚上特别黑，完全看不见，再加上一点声音都没有，偶尔来两声狗叫。那时候家家养狗，为什么家家养狗？

许：吃狗肉是吗？

葛：不，小孩子拉屎舔屁股。

许：天呐！

葛：我那时候还做瓦。做瓦是这样，先牵牛踩那个泥，把泥踩糯了，然后堆成一个墙，拿那个弓子割成一片一片，然后把泥糊在瓦桶上面，拿水打打打，打完了以后就放在地上晾。我才打一个月，下一场大雨，把我四千片瓦都冲掉了。

许：那您不是心都碎了吗？

葛：那对我来说简直……眼泪跟雨水同时流下来。

许：葛老师，我们到了。

葛：到了？我的天呐，修了这么多砖房，我都不认得了……这个就是老海家的房子，哎呀！十年前我来的时候还好好的嘛……老海！

老海：十年没见了。

葛：十年没见了。

许：你们先叙旧。

葛：哎呀，你们家这个房子，都坏掉了。（转身）十年前我来，他爸爸还在，跟我们一起讲话，他爸爸是这个寨子里面最有文化的，出过国当过兵，抗美援朝，所以他回来就当了这个地方的人民公社大队长。我在他们的领导之下。老海，来，我们照张相。

老海：不戴帽子了，我头发白了。好感慨。我们都老了。你七十二，我七十一。

葛：你家现在搬下来了？

老海：老屋已经垮了，不能住了。

许：那时候葛老师住在哪里啊？

葛：我住在他们家那个谷仓上面。稻草铺很厚，然后铺一层棉花，就睡在上面。

许：冬天很冷吗？

葛：那当然了，那个风就直接吹进来，而且很怕下雨，两边是漏雨的。

许：所以您就潮乎乎地过了几年？

葛：一年多。

老海：你们等一会儿，我先去做饭，吃了饭再走。

葛：你现在砍不砍柴了？

老海：不砍了。如果我身体没病，我还凶得很，每天都能砍柴、烧柴。我有帕金森病，痛了十多年了。

葛：帕金森怎么办？我看你样子还好。

老海：不行，我是吃药控制的，不控制的话，根本走不成。

葛：吃药吗？

老海：嗯，麻烦，药贵，八十多块钱一盒。我一共花了接近十多万，没法。

葛：我看看你的药。

老海：我去拿……就是这个药。每天要吃三四颗。我吃不起这个药。他们没有给我评贫困户，说我有钱，我哪里有钱？

葛：我照一个相，到时候我给你寄一点药来。

老海：可以，可以。谢谢你，感谢你……你们要来，葛老师你们要来，趁现在还走得动，等再老了走不动了。我先去做饭。

许：那时候您和老海关系很好吗？

葛：他爸爸是生产队的领导，他是一个生产队的会计，专门治我们。（笑）

许：看您不顺眼是吧？

葛：也不是，就是老觉得知青劳动不行。有一回他治我，我们这儿最重的活儿是扛谷斗，那么厚的木头，要翻过来，人扣在里面，扛着，到两三里路以外的地方去，一般都是他扛，那天他故意的，叫我扛，结果我硬咬着牙扛到那个地方，人都瘫掉了，但是扛到了。所以他后来还……

许：对您高看一眼？

葛：真正高看一眼是他跟我打了一架，结果被我打服了。我年轻时学过摔跤。其实我跟他关系还可以的。

许：人生真的是一段一段，曾经这么密切，然后突然……这次来跟十年前来区别大吗？

葛：房子变了，什么都变了，以前的记忆就少了很多。看到老海也还是有点伤感，以前他是这个生产队里面最生龙活虎的一个人。

许：有可能是跟他最后一次见面了。

葛：有可能，我想我不太会再来。

许：等一下我们去看看您当年做工的瓦厂。

* * *

葛：就是这一块，就是这一块。那个时候是土路。

许：葛老师兴奋了。

葛：土路，完全是土路。

许：还是很激动对吧？

葛：就在这上面。要修土坎，修那么高，堆起来，再拿稻草编草棚子搭上，怕雨淋嘛，可是没想到雨那么大，全冲垮了。

许：四千片瓦毁于一旦。当时四千片瓦值多少钱？

葛：没有钱，是工分。我一年给生产队交三万块烧好的瓦，破的不算。最后我那一年是全队最高工分，分了多少钱呢？六块钱，一年分了六块钱。

许：您那时候觉得时间特别漫长吗？

葛：你在农村生活过吗？

许：长到六岁。

葛：真的在农村长到六岁？

许：对，彻底农村，苏北农村。记忆很淡了。

葛：我是 1968 年 10 月到 1971 年 12 月，一千多天在这个地方。

许：离现在是整五十年了。那时候心里苦怎么办？怎么面对这苦？

葛：开始的时候苦虽然是苦，但是心里面感觉不是很强烈，最开始翻波澜是开始招工。凯里这个地方在 1960 年代突然来了十二个中央厂矿，所以 1970 年我们下乡两年后就开始招工了。一招工有人走了，这时候心里面就开始出现点希望，可是希望要不成就变成绝望。

许：您说您当时在大田要是被工厂招走了，会是怎么样的命运？

葛：问题是我出身不行，家里面有这样那样的问题，中央厂矿，因为它是要保密的，不能让我去，但是下一等还是不能去，比如州里面、县里面有点技术的厂。所以我就只能去砖瓦厂打瓦。

许：就卖体力活。

葛：卖苦力的。但是砖瓦厂也比农村好，还有就是好多年轻人在一起，那就好多了。但后来有一年，就是

1971 年，我就到球队混了好久。等于是逃了。

许：您打什么位置？

葛：我是省队的，打奥尼尔那个位置。所以后来我到美国去，我还花钱去看 NBA。

许：凯里奥尼尔。

葛：我那是混的，因为要混饭吃嘛。对了，我在凯里当过一把编剧，整个黔东南文工团演出一个大型歌舞剧，我是编剧，那是我的高光时刻。

许：第一个高光时刻。那时候对名声什么感觉？

葛：到处都有饭吃。

许：所以是很实惠的。

葛：那时候我们还赌，赌什么呢？两斤生板油在滚水里面煮一煮吃下去，两斤。

许：真能吃下去？

葛：你们可能没见过那种玻璃瓶的红烧猪肉罐头，上面全是油，赌一分钟吃完，结果我五十五秒就吃完了。

许：那就白吃了一罐。

葛：白吃。我们那时候笑话百出，为什么呢？在大田村的时候，一年你才吃到一两回猪肉，也只有去街上卖了柴，才有机会吃一顿肉，就是饥饿。

许：等一下我俩就走街上吃一顿。在大田村的饥饿记忆又回来了。

葛： 我太太就特别烦我这个，总说要吃饭。她现在晚上不吃饭，她吃菜，我不行，非得要吃饭，而且要有肉才行。

许： 我这次见您，发现您有一面是很放松的。

葛： 是不是跟我以前做运动有关系？

许： 我觉得跟打球有很大关系。

葛： 我又要发表不正确意见了。我认为所有的小孩，最好去学体育，绝对对身心健康有好处。别老学文艺，吟风弄月，伤心感时，那不太好。我跟我太太的深刻矛盾，她看电影啊，专看文艺片，都特深刻。我要看就看枪战片，砰砰砰。看完就忘了，第二天再看，好像没看过。（笑）

你看，那边的山多好！几次吃酒席都是在那儿。

许： 你们混酒席吃是吗？要给多少？

葛： 一升干苞谷。本来要插两毛钱，我们没钱。他们这里有三样是最隆重的，一个是修房子，最后上中间大梁的那一天，要爬到梁上，往底下撒晒干的糍粑，这一天要吃酒席。还有就是死人要吃酒席。我记得老海家奶奶死了，没地方摆，把人摆在堂屋头，我还睡在旁边。还有就是娶亲嫁女要吃酒席。

你看，以前我们砍柴都是从这里上山，往那边走，大概走四里路吧，那边柴最好，树林最密。

许：哎呀！这日子！那个时候您正好十八到二十一岁，是最青春年华的时候。

葛：我想我有一点可能受很大的影响，就是我觉得底层社会很亲切。至少在贵州这十八年，我当过工人，当过农民，基本上跟底层的人比较能够谈得了话。

许：这一部分也影响到后来您的思想史写作吧？

葛：对，我后来写《中国思想史》的时候，非常强调一般民众的常识。而且民族的问题在这儿你蛮能够体会到。现在贵州历史研究成了热门，因为它是高地，再加上民族的问题。而且它曾经不是所谓的官家直接管辖地区，而是有土司，所以有两个层级的管理。

许：某种意义上它是不是比云南、广西更边陲？

葛：对，你不能从地理位置上看哪个更远，哪个更边疆。我举一个例子，康熙画全国的地图，居然这一块地区是空白，也就是说官方的势力没有伸展到这里。

许：苗人最可考的是从哪里来？

葛：最早的苗族史是法国人写的[1]，他认为是从中原经过四川南下来的，这是一种说法，但是这种说法现在受很多人批评。还有一种说法是从江汉平原过来的。

---

[1] 指 1924 年法国传教士萨维那 (F.M.Savina) 出版的《苗族史》(*Histoire des Miao*)。

这个凯里也蛮有意思，以前这里是清朝驻军的地方，就是席宝田[1]带的军队，比卫所更低一级的就住在凯里。结果这些人来了以后就融入地方了。可是我一直很怀疑这些人恐怕都不真是苗民。

许：所以他们可能是戍边军人的后人？

葛：我怀疑。我们去的那个老海家，我一直怀疑他们原来不是苗民。但是他们都说自己是苗人。而且那个地方，是最凶悍的，是九股苗[2]所在地。说不清楚。所以你说费孝通他们搞民族识别，把民族划得清清楚楚的，是不是强化了他们的民族意识？

许：现在这里苗寨的感觉很弱了，看不出来了。

葛：很弱，基本上看不出来。很大意义上这就是说，文明对于文化的冲击是很厉害的。我这次回到凯里，回到大田，山川面貌都变了，好像跟我原来年轻时候的记忆有点断掉了。

许：现在这路也修得真好。

葛：这是最大的变化了。

许：当时最远还会走到什么地方去呢？

葛：我记得我在工厂的时候，去帮工厂收废铁，全

---

[1] 席宝田（1829—1889），湖南东安人，清末湘军将领，曾先后率军镇压太平天国和贵州苗民起义。

[2] 苗族的一支，又称九股黑苗，分布在今贵州东南部地区。

省转。贵州省那时候差不多是八十个县，我大概去了六十个。有些地方真是不能去，以前贵州有一句话，叫纳威赫去不得，纳雍、威宁、赫章这三个县去不得。

许：是特别穷吗？

葛：那个路是什么路啊？都是拳头大的石头，这个车就咚咚跳，而且吃的都是像脚板一样的洋芋，真苦。

许：您说，苦难和思想之间到底有什么样的关联呢？

葛：我想肯定有正面的也有负面的。比如当年在苗族地区插队，给我的一个最大的正面影响是什么？第一，我知道底层中国社会是什么样子。第二，我知道非汉族是什么样的，你应该怎么样面对非汉族的文化或者说边缘的文化。

但是对我也有负面的影响，可能因为我曾经在那么底层的地方生活过，也许我的底线很低。所以我经常讲我们那一代人，做好事可能很伟大，做坏事照样很可怕，因为底线曾经被摧毁过，所以我不觉得苦难都是正面的。有些人也曾经在苦水里面泡过，可是他未见得就觉得人类不应该受这样的苦难，也许他会反过来想，你们都应该受一受那样的苦难。过去的经验，并不都会转化为我们现在说的正能量。只是说历史学者有一个好处，过去的经验让你在读历史文本的时候，有一种代入和切身体会。我不会轻易地相信文献上所说的东西。

许：那比如回忆起那个时候，那些苦难的东西，您怎么应对呢？

葛：尽可能不要去想。你看我要老想挖煤那会儿——挖煤可能是最苦的，你要全身脱得精光，只穿一个裤头，爬二三十米，到那个掌子面。你要拿那个十字镐这样挖，挖完了，拖着爬出来，倒到那个地方再爬进去，只有一盏煤油灯。所以那个很艰难。那你想它干嘛呢？我也算是只要事情一过了，就不怎么太去想。确实很苦，那有什么办法？我还干过一个丢人的事，在汽车站，"解放军叔叔，给颗烟抽嘛"，"解放军叔叔，这包烟都给我嘛"。

许：讨烟抽。

葛：说老实话，一个人的尊严被打到那个程度，你还有什么可怕的？人都已经跌落到那个地步了。你说我们心里面有没有什么阴影？肯定有。但是有些事情你得过去啊，别一天到晚绷着难受，对不对？

许：但很多人会有对于那段时光的愤怒。

葛：有些人老讲他怎么苦难，那苦难就变成一个勋章挂在你的胸口上。当然我也得承认，我们是属于现在过得比较好了，能正面面对过去的生活。像我中学同学肯定不愿意回忆，过去有什么好回忆呢？我一直在检讨这个问题。项羽讲的那句话，"富贵不还乡，如锦衣夜行"，必须得穿着漂亮衣服白天走，人家才看得见，所以你发现没有，回忆知青生活的人都是过得好的人。很多人就是这样啊。说老实话，我们也有这样的问题，所以我不太愿意回来，也是这个道理。

我们以前写历史基本上是写谈恋爱，不写生孩子

许：您最早接触王阳明是什么时候？

葛：我在知青的时候读了黄宗羲编的《明儒学案》，从陈献章到王阳明，是这本书的主脉嘛。我想王阳明被贬到龙场这个地方的时候，心情肯定特别糟糕。正德皇帝一上台，第一个被脱了裤子打屁股的就是王阳明。

许：这么大的羞辱。

葛：对，以前朱元璋也搞廷杖，但是没有说去小衣的，还穿着里面的裤子打。而且是正德皇帝上台的第一年，就是正德元年，就打了他屁股。

许：王阳明是怎么得罪正德皇帝的？

葛：当时是上书救一些人——这些人和刘瑾不对付——结果就得罪了皇帝。当然现在都把罪过归到刘瑾身上了，可是正德皇帝肯定是有点问题的，不然不会给他这么大羞辱。正德皇帝是明朝少有的……第一，长得英俊，第二，确实多才多艺。而且很难得的，他是嫡长

子继承皇位。明朝很多皇帝都不是正统，尤其嘉靖皇帝最惨，他是一个远房侄子来当皇帝。所以正德皇帝是最牛的，他肯定想，该打你就打你。

许：这些年王阳明突然变得热起来，做商业的，各个行业的，都追捧阳明心学，这怎么解释？

葛：过去对王阳明强调的是"心即理""心外无理""吾心即是宇宙"，完全是形而上的角度。这几年有个很大变化，就是把王阳明放到明代的历史语境去理解。王阳明代表了儒家传统一个非常重要的转折。宋代以前，知识分子认为要"得君行道"，就是跟皇帝合作，去实现我们的理想，这时候士大夫还有一定地位。可是到了王阳明，就发生了一个根本的转变，不再寄希望于"得君行道"了，转向"觉民行道"，就是启发民众来实现理想。为什么？皇帝打了屁股，已经对皇帝很失望了。

许：丢掉幻想。

葛：丢掉幻想，深入群众。他不是平定宸濠之变 [1]、大藤峡之乱 [2] 吗？但立了那么大的功劳，还是没怎么样。

[1] 又称宁王之乱、宁王叛乱，指明武宗正德十四年（1519）由宁王朱宸濠（1476—1521）在南昌发动的叛乱，波及江西北部及安徽省南部，仅四十三天后，即为时任都察院左佥都御史的王阳明平定。

[2] 明朝中期一系列广西、广东瑶族、侗族民变。明朝政府曾数次派兵征讨平定叛乱，嘉靖六年（1527）五月，王阳明以兵部尚书总制两广、江西、湖广军务，负责平定叛乱，至嘉靖七年，叛军几乎全尽。讨平叛乱后，王阳明病死于回乡途中。

所以就有了"致良知"，其实很大程度上是没办法，只能启发每个人心中的良知来重建知识。我仔细看过记载，嘉靖六年到嘉靖七年（1527—1528），王阳明死前这两年，他的心情仍然不好，因为皇帝根本不相信他。幸好王阳明会教学生，他有一大帮好学生，学生的学生最后当了大官，到万历皇帝的时候终于名正言顺平反了，而且进入孔庙的祭祀。

许：他是让您兴奋的思想人物吗？

葛：应该不能特别算。特别注意他，主要是因为他的后续效果，无意中他可能启发了很多别的东西。比如王阳明继承了陆九渊他们讲的"东海西海，心理同理"。这个话后来成了中国接受外来文化一个非常大的精神资源，就是说你不能够把真理分成东海的真理、西海的真理，都应该是真理，有点像我们现在讲"世界主义"。

许：某种意义上，他进行了一次思想解放。

葛：他也许不那么想，但是无意中造成。有很多东西中国都是通过这种方式来接受的。比如我以前看晚清佛教的书，它帮助中国人理解两个道理，一个是，为什么植物会有光合作用。

许：为什么啊？

葛：《诗经》和佛教里的书都说"其叶肺肺"。叶子就像肺，所以对对对，西洋人讲的光合作用、叶绿素很对。还有一个呢，《华严经》里面讲"风轮转地轮，地轮转火轮"，不错啊，果然地球核心里有火，外面有大气包着的啊。

许：所以用这种附会的方式帮助接受现代心理学、天文学。但是不是全世界都有这种思维方式？因为要从自己熟悉的出发嘛。

葛：对，都有，但问题是这样，咱们中国接受外来知识，有两个致命的基因，一是整体主义。这样就变成什么呢？要接受全盘接受，要不接受全不接受。对比日本，日本是来什么我要什么，解剖学来了我先学，航海学来了我先学，它不像中国有非常整全的传统，因此在接受的时候，可以零敲碎打，就像鲁迅说的拿来主义。可是中国，你看晚明的时候，吸收西洋传教士的天学、数学，都得先从根上学。天不变道不变，天要变了道就变了，那我不要了。这就妨碍了你对它的实用性接受，它必须得体用，必须得讲个道理出来，我才能接受。第二是改造主义，从佛教以来的革异，到现在马克思主义中国化，要把它修订一下。

许：还是因为我们的主流文化过分强大对吧？

葛：对，历史很长，文化成熟得太早，所以形成了一个非常强大的整体的系统，有时候也是障碍。

许：到阳明洞了，他在这儿悟道的嘛，咱们去悟一下。

葛：中国古代对洞有一些特别的幻想，达摩悟道也是在洞里头，面壁九年，所以实际上王阳明这个故事是受禅宗影响的。洞在中国的传统，尤其是道教里，是跟另外一个隐秘世界连接的口，所以叫洞天。

许：还真是，洞真是中国人思维方式很重要的一个特征。您看金庸小说里面，大侠们都是掉在一个洞里，练一练出来就不一样了。

葛老师，您看这个，"明万历五年"……

葛："明万历五年，夏天，云南左参政，罗汝芳。"

许：还有这个，"大日本帝国高山公通，金子坚太郎，冈山源六……明治三十六年"。明治初年那一批日本的志士们很多受王阳明影响，西乡隆盛不也号称受他影响吗？

葛：有可能，因为日本在德川时代，基本是朱子学垄断，凡是有点反抗色彩或者说有点异端色彩的，可能都受阳明影响。可是在日本，阳明学始终没有壮大。

到底这个洞里面有多深呢？

许：没多深。"游客止步。"您看此路不通，说明这些洞大部分是骗人的。好像并没有特别的感觉。我们去这个园子里其他地方转转……

这儿还有张学良和赵四小姐的纪念馆。张学良在这儿待过吗？这有意思了。

葛：时间不长。

许：又是一个被流放者。在中国思想文化传统里，"流放"占据的位置，是不是挺核心的？

葛：应该是。古代讲九刑，流刑是一个。因为古代中国安土重迁，对流放的恐惧是比较厉害的。大家都认为把人放逐在一个边缘的或者不太好的地方是对他的一种惩罚。

许：但在西方的传统里，流放好像变成他们文化上自我寻找的一个非常重要的动力。

葛：西方文学作品里面有很多讲流放的，好像这是一个游历，这个游历是一个经验过程，反而获得很多知识和勇气。

许：对，提供更多的丰富性。而我们不是，我们好像特别多的痛苦，悲凄凄的东西特别多。这背后是不是也是我们对于中心力量和中心叙事的一种过分迷恋？

葛：我想是的。我们从古到今，都觉得人应该生活在大城市，居长安嘛，所以当京官是最荣耀的，一旦外放就很惨。比如说王昌龄，贬谪到离咱们这个地方不远的隆里[1]，等于也是流放，所以李白听说后说"我寄愁

---

[1] 王昌龄曾被贬为龙标县尉，此县实际所处何处已难于确考，一说为湖南黔阳。

十三邀 II

站在历史的远处

心与明月，随风直到夜郎西"，最后在返乡途中被人杀死了。

许：这是流放者之乡。咱们坐在这儿，我还是想问，比如对一个中国思想史的门外汉，听到这种词，什么"心与理""知行合一"，怎么放到历史框架中理解呢？

葛：很多道理其实没有那么玄乎，是后来的人要把它讲得越来越深刻。比如把孔子思想解释成深刻得包容现代性了，那还得了？所以很多时候是加上了自己的体会，有时候这种体会是不对的，完全离题的。最典型的一个例子，朱熹接到宋孝宗的命令让他出山，非常兴奋，写了一首诗："埋头书册无了日，不如抛却去寻春。"朱熹和陆九渊是好朋友，陆九渊跟他讲，这下好了，你总算见到皇帝了，可以把你的意见直接告诉皇帝了。朱熹高兴了，"书册埋头无了日，不如抛却去寻春"，我要出山了，不就是这个意思吗？可是，被他们解释成朱熹受陆九渊的影响，从客观唯心主义逐渐转向主观唯心主义，不去寻找知识、寻求真理，而是直接去触摸世界，就像胡塞尔说的，我直接面对现象。实际上有那么玄乎吗？可是过去因为很多做思想史的人是搞哲学的，他们不爱讲历史，或者说把历史语境跟思想剥离开了，所以我们现在觉得他们做的很说服不了人。但是他们又很恨我们这种做法，说这种做法等于是把思想降低了。

许：把思想庸俗化是吧？

葛：好像都是跟现实利益、跟生活处境，甚至跟吃喝玩乐连在一起了。所以我写《中国思想史》，里面讲先秦两汉，很多人批判我说写得那么简单、那么浅。天啊，那深刻的都是你加上去的。

许：我们之前也会谈论所谓中国历史的本质是什么，中国思想的本质是什么，您在写《中国思想史》的时候，肯定也要面对这样一些问题，这种问题重要吗？

葛：你刚才问的这些问题，实际上是一些终极答案，我不太去追求终极答案。当然我也有讲一点，但是不可能讲得很全面。比如说我最近写了几篇讲演稿，主要讲的是中日传统政治文化的结构性差异，郡县制和日本的大名差别很大，中国传统里宗教匍匐于政治之下，跟欧洲和日本的宗教有相对独立性有差异，这其实也就是在讲我理解的中国历史政治文化的核心是什么。但是你要说再抽象出来，再往上走，好像很难有这样一个终极的答案。

许：您在写的过程中，对中国的思想史产生了新的感受吗？

葛：我有点故意要跟过去不一样，这可能造成一个问题，本来有些东西该写，但我写得很少，像王阳明我就写得很少。

因为我觉得过去别人写王阳明写得太多了，我就故意少写，有意跟过去的写法分开。现在想想当然不太对。后来到日本去，日本学者看了也有这个意见，说外国人要全面了解你，这里面遗漏很多。但是那个时候我自己的定位就是要破为主，立为次。

许：那您写这么长的一段历史，哪一段写的时候特别兴奋？

葛：也很难说……我写"盛世的平庸"那一段的时候就很得意，而且自己感觉非常重要。你看所有的中国哲学史、中国思想史，从唐初到盛唐，618年到755年，几乎是一百五十年空白。为了填补这一块，我们拼命发掘唯物主义，但是都不像样子。我就想到一个说法，其实盛世是平庸的，就像我们刚才讲的，没有吃过苦，没有流放过，就没有产生危机感，没有产生思想，盛世的才学都用在写诗歌上头，没有一个思想深刻的，所以我说盛世是平庸的。我写这个的时候就很兴奋，我还特意在前面写方法论的时候，写了一段叫"无画处皆是画"，没有思想家的思想史。

后来我就提了一个问题，我们能不能写一个没有思想的思想史，关注下层民众？像老海这样的人，有多大思想？但问题是他代表了相当大的群体。今天早上我还给他看那个药，后来叫人去买了，没那么贵。但是他的焦虑反不反映这个时代，反不反映这个时代的普遍观念？很多做学问的人可能不关心，我因为接触过底层的人，我就会关心。这个时代是没有思想的，所谓没有思想是指没有精英的思想或者说没有特别天才的思想，可是思想史如果缺了这一段，那算什么？"文革"的时候有没有思想？有什么样的思想？思想史要不要写"文革"？这就是我们的问题。其实当时写"盛世的平庸"时，脑子里面想的就是这个。

许：跟现实有呼应。

葛：对。另外比如说，我们早就有一个看法，中国的近代史不应该开始于鸦片战争，它并没有根本撼动中国的根基，中国根基的撼动和整体向西转，是1895年。被日本打败，中国一般的民众都觉得这是奇耻大辱，才开始转变。

许：又是由羞辱催生的转型。

葛：对，巨大的羞辱。王阳明被人脱了裤子打屁股，他就要根本地去想问题——我再也不能依靠皇帝了，只能想办法去治疗老百姓的良知，这就是王阳明的做法了。所以最后我的思想史出来以后，赞扬很多，骂的人也很多，骂得最多的就是说你为什么要去写什么一般的思想、知识和信仰，一般哪有思想？精英才有思想。好多人都这么看。他要是像我那么在大田待过就知道了。

许：其实我倒是最喜欢看您写的一般的思想信仰那一块，有意思。

葛：但是还是写得少了，我现在在改，我想再多加一点。我那个时候写思想史的时候，其实心中有一个很明显的搏斗的目标。它的笼罩性太强了，你不把它解放出来怎么办？

许：跟王阳明要从朱子里面解放是差不多的。

葛：王阳明最后也没解放成，我们最后大概也解放不成。

* * *

许：中国的思想人物里面，您愿意跟他做朋友、跟他相处的，是谁？

葛：这很难说，我觉得他们都太深刻了，跟他们交朋友太累，最好是离他们远点，而且离他们远点，就可以观察，太近了就观察不了。你知道1990年代以后，我们这些朋友交往越来越少了，偶尔有一个机会大家见个面，我也挺想把他们当作一个观察对象。可是观察他们太费劲，一旦意识到你是在观察他，他马上变了。

许：我们古人不也是吗？写日记都写给别人看的。

葛：对，我跟余英时先生有一个共同的爱好，就是爱看人家日记，经常找各种各样的日记来看。有很多日记很明显是写给人看的，有很多日记是事后改过的，但是也有一些日记只是自己写着玩的。

我看过杨联陞日记，他的日记是写给自己的，可是你要看到杨联陞日记，你就会觉得非常痛苦。他1956年在美国拿到教职，1959年升到正教授的时候，精神就开始出问题了。清醒过来的时候他就写日记：今天被绑在电椅上，电了几次，我非常痛苦，我大叫我要死了。事后他都记下来。后来记不了的时候，他太太帮他记。读起来其实蛮痛苦的。杨联陞老是在意要作为西方汉学的第一人，这个给他的压力太大了。

可是在西方那个环境里，说老实话，洋人对华人学者没有那么好，包括费正清，其实对他都有不公平的地方，所以他心里面压力非常大。他曾经跟另外一个汉学家贾德纳，约好了写遗嘱，写完回来想着不对劲，两个人在电话里相对大哭，也是蛮可怜的。

萧公权跟杨联陞最好，萧公权曾经也跟杨联陞在电话里面大哭，杨联陞都记下来。这样的日记就比较真实。像胡适的日记，很重要，但胡适是生前就知道我的日记是要给人当研究资料的。顾颉刚的日记大半是真的，也有一些是自我标榜，因为顾颉刚自恃很高。顾颉刚以前是院士，可是新中国成立后学部委员都没他，他夫人就认为他已经被贬低了。他夫人追求进步，可是她成分不好，当过国民党国大代表，为了特别强烈地表现自己追求进步，逼着顾颉刚要怎么样进步，尤其"文革"的时候，经常啪啪啪扇他耳光，他记日记就说今日掌掴，厌骂数次——骂我骂了几次，掌了几次耳光。

许：这么大一个学者，在家里是这样的，这真的是……刚才说到杨联陞、萧公权他们这一代学人，他们受过非常好的西方教育，但是又赶上大变动，而且他们是第一代在美国获得这么高地位、教职的华人学者，他们好像是一个很矛盾的系统。您怎么看他们呢？

葛：我觉得萧公权跟杨联陞差不多，一方面他也庆幸自己没有沦落，但是他又对美国学界对他们的压抑有很强烈的不满。当年萧公权何等辉煌，可最后也不过就是在华盛顿大学当个普普通通的教授。特别是他觉得他不能回中国大陆，但他也不怎么愿意去台湾，所以很矛盾。萧公权是学政治学的，他的政治学素养要比钱穆好太多了。对于中国古代政治的分析，说实话，虽然我觉得钱穆也很了不起，但我个人觉得萧公权的分析是对的。钱穆太理想化，因为他要为知识分子说话，老觉得士大夫可以共治天下，萧公权对中国古代知识分子是不是能够在政治和制度上起作用，要比钱穆正确得多。你去看萧公权的回忆录，其实里面也有很多痛苦。

黄仁宇也是，要是看黄仁宇写的回忆录，《黄河青山》，你也觉得他很可怜。我听余英时先生讲——余先生是他的博士生导师——黄仁宇有一个问题，他的英文口音太重了，一口湖南英文，美国人听不懂，这很麻烦的。而且他所在的学校太小，学校把东亚课程删了以后，他就没位置了，挺可怜的。

许：在这一点上我觉得余先生从来没有身份的寻求，他真的很特别。

葛：他非常特别。

许：您觉得这是为什么？

葛：我仔细分析有几个原因。一个就是他在美国没有受过挫折，他在三大名校都当过顶级教授，我想他是心态比较平和。另外一个和他的家庭有关。他父亲后来也在美国，我接触余太太，她也是极美国化的。另外一个就是，他出去的时候是没身份的，但是他的心态始终非常平和，这个我觉得也算是特殊了。

许：您觉得您跟杨联陞、萧公权、余英时他们这批，以及更年轻一点的，张灏、林毓生，在学术上或者思想上的关系是什么？因为他们对中国学界影响很大。

葛：我跟余先生太熟，跟张灏也特别熟，林毓生稍微不是那么熟，但是也打过很多次交道。他们的学术最早是在台湾"戒严"的前后，起了太大作用。

好像他们是在谈历史，实际上处处都在谈政治。但是我听余先生讲，他写"反智论"的那篇文章其实不是针对台湾，结果台湾因为接连四天发表在《中国时报》上，轰动一时，就把"反智论"的问题跟台湾的"戒严"连起来了，形成了一个非常大的冲击波。

许：所以七八十年代那批知识分子对台湾的影响非常直接。

葛：是，对我们这边的影响其实比较间接。到1980年代，改革开放了，当然好多书就可以拿来这边出。最早是余先生出了《士与中国文化》——跟我的《禅宗与中国文化》属于同一套丛书，是同一年出的——那个时候开始对大陆产生影响，后来影响就越来越厉害。所以这个影响要比台湾要晚十年。

像林毓生的《中国传统的创造性转化》，张灏的"幽暗意识"，都给我们这边很大影响，但可能影响最大的还是余先生。

许：余先生去世那天，是谁给的消息？

葛：刚好那两天我打电话过去打不通，就着急了，很少有这样的现象，因为我们经常打电话，而且他们看得见我的电话号码，居然没人接，发传真也没人接，怪得很。

不过我心里面有一点点预感，他九十一岁，年纪也大了，主要是疫情给他带来很大的问题。他的生活习惯是要跟人聊天的，他住的地方虽然在偏僻的树林里，但是去他家里面的人特别多，人来人往，他不寂寞。他一跟人聊天精神就来了。我每次跟他聊，一聊就是五六个小时。可是那两年，我越来越感觉到他好像话不多了，也没什么气了，反应也越来越慢，所以我能感觉到总有这么一天，没办法，人就是这样。

许：他是需要朋友在的，需要元气。他们的问题意识跟您个人的问题意识之间关联是不是很密切？

葛：我觉得还是有差别，他们毕竟在美国做研究，他们的问题可能跟中国现实的直接联系没有那么紧密。但是后来因为他们能够到中国大陆来，所以越来越多感觉到中国大陆在传统政治和文化上有触动他们的问题，于是会逐渐地调整研究重心。比如林毓生先生后来也跟史华兹有一个谈话，谈中国的皇权，这当然就是受到大陆政治的影响。说实在话，台湾太小，能够触动这些人的问题意识的巨大的刺激点还是在大陆。

许：从费正清开始开创的这套美国的汉学传统，对您个人有什么影响呢？

葛：费正清对我们最大的影响就是他的"冲击—反应"理论。到现在为止，我仍然认为在近代中国的历史里，"冲击—反应"还是最主要的现象，而且它能够解

葛兆光
站在历史的远处

309

释最大范围的史料，因此，费正清的这个理论在现在仍然是影响最大的。唯一需要帮他做一点修正的是，同一个冲击，各有各的反应，因为各个国家国情不同，日本有日本的反应，韩国有韩国的反应，中国有中国的反应。

许：您怎么看这些西方新一代的汉学家的研究呢？

葛：太碎了，你看最近这几年的列文森奖，题目都很小的。比如有一本讲晚清的幽默和笑话（《大不敬的时代：中国新笑史》），还有一本讲晚清的毛皮（《帝国之裘：清朝的山珍、禁地以及自然边疆》）。

许：所谓新文化与社会史，全是这种了。他们是对上一代的逆反吗？排斥跟思想有关系的东西。

葛：有可能。怎么说呢？我跟年轻的汉学家来往不是那么多，但也有一些。他们不太像那一代人那样关怀中国跟大的政治命运有什么关系，好像对他们来说，这只是一个专业，一个技术，一个纯粹的研究对象。我有时候觉得到欧立德他们为止，后面的这些人，我跟他们谈起来都很有隔阂，他们会批评我说，你写那么大的书干什么？你写那么大的宏观的问题，能解决吗？

许：国内呢？年轻一代。

葛：一样的，一样的。

许：对，我觉得大的关怀意识确实普遍消失了，在所有的领域都是。

葛：我希望有好的学者能把中国这一百多年的加速度的变化，分成几块写出来，就写这些事件，而且不只是说这个事件发生的过程，而是说这个事件发生了以后，产生的影响和后果是什么。我们以前写历史基本上是写谈恋爱，不写生孩子。但其实真正要写的是什么？是发生了这么多变化以后，生下来那个孩子是什么样的。以前钱理群他们曾经做过实验，钱理群不是写过《1948：天地玄黄》吗？他们原来是有这个想法的。

　　有时候我想，我们还把研究学术当作一种……好像我们整个生命都在里面，同时我们非常自觉地说做这个题目，要寻求一种它到底能产生一种什么样的批评的意义，这个现在不大有。

　　许：是，对意义的寻求其实是一个很大的驱动力。您觉得这种衰退的人文精神，还会回潮吗？

　　葛：我觉得还是政治和制度决定一切。我不大敢相信在可以看得见的将来，学术会回到那种大家都在激烈地争论一些大问题，不会。

何怀宏

我们只能在自己的时代尽量做出
最好的事情

何怀宏

1954 年 12 月生于江西樟树市

1984 年入读中国人民大学伦理学硕士研究生

1988 年毕业于中国人民大学，获哲学博士学位

1988—1995 年任教于中国青年政治学院

1995—1998 年任中国文化研究所研究员

1998 年起任教于北京大学哲学系

翻译有《正义论》《沉思录》等
著有《良心论》《道德·上帝与人》《世袭社会:西周至春秋社会形态研究》
《选举社会：秦汉至晚清社会形态研究》《新纲常：探寻一个好社会》《文
明的两端》等

"他这样一个处在漩涡中心的人，你却从他身上发现了宁静"，他这样说起对奥勒留的看法。在 1987 年的一个悲伤时刻，何怀宏动笔翻译这位古罗马皇帝的《沉思录》。二十年后，因为一位重要人物的推荐，这本小书风靡整个中国。在一个剧烈转型与扩张的时刻，人们渴望一种自省的内心生活。

　　80 年代，何怀宏的名字是与一些重要的译著联系起来的。除却《沉思录》，《正义论》同样富有盛名，你可以想象在 80 年代的读书界，读到"无知之幕"时的震惊。90 时代，他则因《良心论》独树一帜，成为一个解体时刻的最重要的道德声音。他孜孜于为一个巨变中的中国社会创建一套新的伦理体系。

　　在和他的对话中，令我深感触动的是他的谦逊、敏锐与始终不变的忧患意识，一个温和而坚定的人。

过分追求全面而彻底的平等，
平等就会走到自己的反面

许：何老师，好久没见了。

何：好久不见。你带着《正义论》^[1]，这是旧版的。

许：对，1988 年 3 月第一版。应该是我在北大读书的时候买的。

何：我还去北大卖过一次书，就卖这本翻译的书，想体验一下。当时找了一个同学，拉着板车。

许：我觉得何老师属于你们那一代里面比较西化的，是不是跟学外语有关系？您自学英语、德语、法语、拉丁文。

何：其实也不西化。80 年代应该是西化的，但是90 年代，我完全不读西书，曾经有两三年就是读中国

---

[1] 1971 年，美国政治哲学家约翰·罗尔斯（John Bordley Rawls，1921—2002）出版《正义论》（*A Theory of Justice*），阐述自由平等、公平机会、差别对待等直接反映社会现象、影响社会正义的原则，引起美国各界热议。1988 年，该书由何怀宏、何包钢、廖申白三人翻译出版。

传统的古书。所以也可以反过来说，我是属于这代知识分子里比较中化的。

许：我那时候读您写的《良心论》[1]，1994年，其实您那时才四十岁，是吧？我以为怎么也得六十多了，这本书给我的感觉好像已经沉淀了很多年。

何：对，那时候四十岁。可能是读了几年中国古书，让人沉浸下去，也可能我本身显得比较老一点。

许：那么早有这种感受，是性格带来的吗？我的意思是，它是对世界的一种直觉带来的吗？

何：有直觉，但是也有环境的影响。我那时候已经有相当的阅历了。中学时我干过一年农活，然后高中毕业分配到一个搬运公司，第一年就是做搬运工，后来又在军队里待了十来年，等于工农兵的经历都有了，社会底层的经验也有。

许：做工人是哪一年？

何：1972年，十八岁。

许：做的什么工种呢？

何：即便在当时也是比较卑贱的一个工种，拉大板车。那个时候我有一种精神胜利法，我希望那些最优秀

---

[1] 何怀宏：《良心论：传统良知的社会转化》，1994年11月出版，书中探究一种生活在现代社会中的人的底线伦理学，一种平等适度的个人义务体系。

的人也跟我一起来拉板车，拉一天也可以，不用天天拉，然后由此粉碎别人对这个职业的歧视。（笑）

许： 您1954年出生，到"文革"时才十二岁，基本上没怎么读书吧？

何： 对，没怎么读书。小时候我曾经想做一个图书管理员，那时候无书可读，看到人家在图书馆里做管理员，每天可以进书库，就很羡慕。

许： 那时候会有一种绝望的情绪吗？可能这辈子就拉板车了。

何： 有，但这个绝望情绪还没有大涨的时候我就走了，年底就去内蒙古当兵了。当兵在当时是很好的出路。

许： 但兵营里那种组织化的方式，跟您个人性格冲突挺大的吧？

何： 是，所以我的绝望反而是在当兵这段时间，不知道将来可以做什么。我也见过别人的绝望。有一次我去另外一个地方采访——那时候我是报道组的成员，经常要写点东西——路上遇到一个杭州的知青点，在包头附近。在他们宿舍玩的时候，我突然看到他们的床铺底下，一个脸盆里面还存着尿液。他们表面上欢欢乐乐的，还有一个土篮球架，在那里打篮球，但我可以感受一种深深的绝望在他们心里。因为他们不知道什么时候能够回去，好像一辈子就要在这个盐碱地上，了其一生。

许：好像掉在这个缝隙里面，出不来了。

何：我后来到史铁生插队的延安窑洞去，他说当年他们住在里面的知青，晚上尿尿，就站在里面冲着门尿尿，连老乡都看不下去了，说每天早晨看到他们那个"黄冰柱"。当然一个是外面冷，再一个他们也无所谓。

许：自暴自弃了。那现在想起来，军队这段生涯对您的性格也好，头脑也好，有什么影响呢？

何：我觉得它让我的性格变得很坚定，也可以说是坚忍。当时你忍受过来了，竟然没有被击垮，你就发现自己已经变得不容易被击垮了。这是一个最大的收获。

许：后来是怎么离开部队的呢？

何："文革"结束以后，第一批高考开始，如果我在地方上我可以报名参加考试，有些地方部队也可以报名，但我在的那个军队报不了名。那时候我就想着要念书，就觉得比较难受。

许：那怎么克服？

何：忍着。不过我还是幸运的，后来不久就作为调干生到上海学习。然后又从那里脱离了原来的部队，分配到北京空军学院，就开始办转业了，转业的同时考研究生，就去了人大。

许：那是 1984 年，正好三十岁。会不会有一种紧迫感，觉得要赶紧学？

何：有紧迫感，但也没有那么强烈。反正我只要能读书，终于找到自己喜欢的事情可以做了，就按照自己的心愿慢慢地做过去，坚持地做过去。比如说我从来不熬夜，我从来没有去拼命做某件事情，但是坚持地做某件事情，到时候收获也还可观。

许：开始接触西学也是那个时候吧？

何：刚开始接触西学的时候，是 80 年代初，主要是存在主义哲学，像柳鸣九他们编译的《萨特研究》，对我们影响挺大的。也读了很多萨特的文学作品，在他所有形式的作品中，我认为戏剧是他应用得最棒的一种形式。我自己还翻译过他的文章，所以我最早的稿费来自萨特。

许：为什么存在主义在 80 年代会打动那么多人呢？尤其是打动年轻人。

何：它的一个核心概念就是寻求自由嘛，一种解放的感觉。也就是对你周围的环境说"不"，不断地否定你的本质，或者别人给你安排的角色和本质。我们读萨特的时候，已经开始改革开放，朝着比较自由的方向发展了，只是说你痛定思痛，回顾"文革"时代，你会感觉到需要这样一种思想去调动你的主观力量。当然后来我们慢慢认识到了，其实不是那么简单的——比如用萨特的话说，越是恶劣环境，越是显示出人的自由，所以他说，再没有什么时候比在法国沦陷时期，也就是"二战"中法国被德国占领的时期，更自由的了。那我们觉得，还是要争取一个真正真实的自由的环境，不能光靠说"不"来证明你的自由。

另外，存在主义的著名命题就是"存在先于本质"。你要反抗，你要斗争，你要超越，但是这比较空洞，而且一些基本的约束和限制，你可能是冲不破的。加上存在主义带有一种非理性主义的色彩，强调意志、情感，所以打动年轻人。但是久而久之，并不能够给他们提供持久的力量。

后来我就慢慢离开他，还在存在主义的脉络里面，追溯到被认为是存在主义先驱的帕斯卡尔了。

许：追溯到 17 世纪了。这种知识的兴趣是怎么发生的呢？是您的性格带来的吗？

何：驱动你往哪些领域，后天的环境会有影响，但我想天性是更根本更原初的。像对帕斯卡尔的兴趣，最早是因为他的一句很有名的格言，"人是一棵有思想的芦苇"。我在"文革"前就看到过这句话，很打动我。人其实没有什么值得骄傲的理由，在很多方面都赶不上某些动物，但是唯有思想，唯有精神，才使你感到你高出于其他物体，我觉得这点是挺打动人的。

你再看看他的生平，也是很打动人的，他三十九岁就去世了，但是他在思想、文学、自然科学这几大领域都留下了非常杰出的成果。这个人太吸引我了，我那时候写了一本小书，《生命的沉思》，就是写帕斯卡尔。

许：帕斯卡尔说这句话，是不是也跟当时要摆脱宗教氛围有关系？

何：对，他生活的年代，信仰刚刚开始有些淡化。比如说在他之前的蒙田，一方面帕斯卡尔很欣赏他的才华，但是另一方面批评他对上帝的信仰淡薄了。所以帕斯卡尔有很强烈的预感，预感到上帝可能会慢慢退出。

他感到人既悲惨又伟大。用他的话说，人有永远的向上心，追求无限。但是人的两腿又陷在泥里，其实内心是很混乱的，甚至有很多污浊。所以你要同时看到人的有限性和向无限追求的可能性。帕斯卡尔始终注意到人的两面，他把人的危机写得惟妙惟肖，觉得唯有信仰，唯有思想，唯有具有信仰性的思想、超越信仰的思想，才能拯救人类。

许：现在这句话感觉更充分了，我们被一群信息、被一群崭新的智能围绕着，能确认自己真实的只有思想。

何：对，帕斯卡尔的时代只能说危机出现，当时整个社会包括知识分子，还是信仰很强烈的，因为还没到18世纪的法国启蒙派出现。现在过了几百年，社会更加物化，人们的追求、舆论，整个有一个翻天覆地的改变。所以我觉得帕斯卡尔不会过时，我们还处在他所说的境况之中。

* * *

许：1980年代是一个充满争辩的年代，青年知识分子有各种舞台来发表自己的意见，在那样的氛围里，您却去翻译《沉思录》，沉浸到一个古罗马皇帝的自我反省之中，这是为什么呢？

何：这有一些个人的契机。翻译《沉思录》，是1987年，我的祖母去世了，我心里很悲哀，因为我是她带大的。为了安顿我的心灵，我想找一个斯多葛派的哲人的书，自然而然就找到这本书，开始翻译，以抚平我心里的悲哀，也确实起到了这样的作用。

许：那《正义论》呢？最初你们三位是什么契机开始想到要翻译《正义论》？

何：这要感谢中国社会科学出版社，我和几位研究生同仁正在编一套"外国伦理学名著"译丛，当时的副总编辑得到消息，说可以翻译罗尔斯，我们都很兴奋，马上就动手了。实际上我们还是研究生，也是不知天高地厚。

许：罗尔斯的思想，是什么那么触动您呢？

何：那个时候我恰好也是思想上遇到这样的转机，就是刚刚谈到的，从存在主义的主观战斗性走出来了，不是完全强调依靠一个人的主观——这个是重要的，但是是不够的。所以本能地被罗尔斯这种有关制度的伦理体系所吸引，包括后来又翻译诺齐克，他们把我引向社会伦理、制度伦理。对我来说这是恰逢其时。

许：罗尔斯说，正义是社会制度的首要价值，正像真理是思想体系的首要价值一样。这句话非常有力量。为什么正义对一个社会具有那么核心的价值？

何：罗尔斯说正义是社会制度的首要价值或者德行，首先要明确的是，这里基本上指的是制度的德行，就是社会的基本结构或者法律等等，而非个人的德行。

其次，对正义，也就是 justice 这个概念，有很多不同的理解，罗尔斯把正义主要理解为公平，他的正义的原则，很大程度上是分配的正义。当然这个分配在他那儿是个广义词，不光是你的经济利益，也包括你的基本政治权利、良心的自由、信仰的自由，也包括你的义务、责任，总之是最广义的分配的概念。

《正义论》第一原则是所有的基本权利都要平等分配，这个争议不大，至少在美国争议不大。他的第二个正义原则比较有争议，就是差别原则。使他的《正义论》最富有特色的，就是这一点。这个原则主要集中于利益分配的领域，罗尔斯不否认收入分配可以有差别，但是这样的差别是要最有利于最不利者。这是相当关爱弱势一方的原则。

罗尔斯是非常关心穷人的，但是他的关心不是立足于"应得"的概念。应得，如果用马克思理论来说，这个财富是无产阶级或者是工人阶级创造的，所以这本来就是他们应得的，就要剥夺剥夺者，要把资本家掌握的剩余价值夺过来，消灭私有制，才能公平。这就是改变生产资料的所有制关系，为此甚至不惜暴力斗争。

不过罗尔斯虽然也很关心穷人，他更强调的是富人应给，而不是穷人应得。就是说穷人和富人同样享有基本权利，也同样享受公平机会，但即便消除那些家庭出身的差别带来的起点不平等，即便在其他条件都公平的情况下，社会还会出现收入差别。因为还有天赋差别，运气差别，努力程度的差别。这样的话，那些享有较高收入的富人，就应该拿出一部分来给那些穷人。

为什么呢？第一，他认为天赋是偶然的，天赋对其所有者来说——比如聪明对一个很聪明的人来说——并不是他们应得的，是偶然，是老天爷掷骰子的结果，或者巴菲特所说的卵巢红利。偶然性不能影响正义的公平分配。第二，这个社会是一个合作系统，富人也不能离开穷人，所以你要拿出一部分来给穷人。也就是说罗尔斯之所以要最关心那些最不利者，实际上是他强调一个共同体的合作，要把社会看成一个合作体系，所以不能完全根据个人的贡献来分配他们的所得。但是这种分配不能通过暴力斗争，而是通过税收，比如超额累进税制，富人以更高的比例纳税，然后把他们的财富通过国家的二次、三次分配给穷人。这是很具罗尔斯特色的观点，当然也引起很多争议。

许：《正义论》是 1971 年在美国出版的，为什么这个书在当时的美国产生这么大的影响？跟当时的美国社会又是什么样的关系？

何：1960 年代，美国处在比较震荡的时期，越战、黑人人权运动……尤其 1968 年以后，学生运动风起云涌，很多尖锐的现实问题摆在面前。而当时美国的思想学术又处于相对弱的状态——在分析哲学这方面发展得挺好，但基本上是在语言的范围内，很精细地探讨道德概念的含义，无法解决那些风起云涌的社会问题，而罗尔斯正好弥补了这个空缺。当时很多学者已经感到这些现实问题的冲击，比如对社会贫富差距的不公感，但是如何在哲学上应对各种挑战，罗尔斯给他们一个启发，所以当时影响很大。

罗尔斯不是直接对策性地解决问题，但是他思想很超前，理论做得很精深。他也利用了当时西方学术很前沿的成果，比如《博弈论》，还有经济学的、社会学的很多成果，都被容纳进去，把它们综合成一个完整严密的体系。随着他的著作，他带来一种政治哲学的复兴，也引导推动了美国社会更多地关照弱势群体。

许：从《正义论》出版到现在，已经过去五十多年，罗尔斯也已经过世二十多年了，美国社会对它的看法有什么新的变化呢？比如他们对于"平权法案"的质疑，甚至特朗普的上台，是不是也是对之前那种思潮的一个逆反？另外，您自己对它又有什么新的看法呢？

何：在美国这几十年的社会演变中，对于贫困者的照顾也引发了不少争议。比如美国的单亲家庭，尤其是非裔的单亲家庭很多，而且生育率很高，越是生育得多，补贴越多，所以甚至有一句话说，不需要靠丈夫，也不需要靠自己，就靠孩子就行了，只要多生几个孩子，这一家人就能过得挺好了。很多中产阶级就说，我赚的钱到哪里去了？他们觉得很有问题，所以造成一些反弹。

我自己的一个批评，更多的是立足于长时段、多文明的角度，我认为在罗尔斯的第一原则之前，应该还有一个更优先的原则，就是生命原则。生命原则是两个方面，一个是防止战争、谋杀，等等。还有一个是提供基本的物质生活资料。生命原则在一些特殊情况下，比如战争、灾害时，甚至要放在自由原则之前，也放在经济平等、收入财富平等的原则之前。

再一个，应该更优先强调司法的正义，而不是利益分配正义。

这一点我们可以参考传统社会。传统社会主要是"报"的正义。所谓报的正义，一个就是"报仇"，谁要是坑蒙拐骗或者是抢劫偷窃，更不要说杀人等等，都要受到惩罚，这就叫报的正义，也就是纠正的正义。这是司法的声音。另一个就是"报酬"，别人给了你商品、服务，你要有回报，而且一般是对等的回报。惩罚是对等的，回报也是对等的。

但现代社会是"分"的正义，尤其着重于经济利益的分配，不太怎么考虑财产是怎么创造的，而考虑财产怎么比较平等地，甚至均等地分配给社会成员。那也要出现不少问题。

许：是不是人类追求平等的冲动是很大的？

何：平等冲动，可以说人类历史，无论古今中外都很强大。它和追求卓越的冲动可以说是人类的两大冲动。但是它们互相矛盾，传统社会更尊重追求优秀、卓越，现代社会更强调追求平等、均等。

许：对这种平等的冲动，您的倾向如何呢？

何：我会赞成一些平等，比如说生存权利的平等、人格的平等，但我觉得不宜采取结果的均等，如果我们过分追求全面而彻底的平等，平等就会走到自己的反面，最后可能得到一种你不希望的平等——一人之下的众人平等，其他所有人都是平等的，但是有一个最高的集权统治者；或者可能出现一些人以虚假的名义为自己的特权捞取好处，它依然是不平等的，是更坏的不平等，因为它的标准甚至是恶劣的。从人性、从人类历史的观察来看，全面而彻底的结果平等，我觉得几乎是不可能实现的。

温和而坚定，
是我仰慕的性格

许：在 1980 年代中期，您最初接触到制度伦理、社会伦理这些概念的时候，都是来自西方，像刚刚谈论到的罗尔斯还有诺齐克；到 1990 年代，您慢慢回到中国的传统中去寻找这些资源，那个时候对中国的传统文化还有一种否定的态度，但您重新沉浸到那个世界里面去，而且是带着一些西方训练回来，那是什么感觉？

何：我会觉得古代有些精神是很打动我的。比方说，我们现在很难理解古代的忠臣孝子，就像我们有时候很难理解，为什么西方世界要那么忠实于法律，这个法律明明对他不利——比如苏格拉底，为什么要接受宣布他死刑的法律？但是法治其实就是靠这种精神建立起来和维系下去的。中国古代社会秩序，其实也是靠这样一种忠孝的精神。这种忠诚不是忠诚于一个具体的对象，而是忠诚于一种原则。就像《游侠列传》里的荆轲，雇用我的人，哪怕我最后瞧不起他，但是我说的话绝对是算

何怀宏
我们只能在自己的时代尽量做出最好的事情   331

数的，我不是为了你去刺杀，我就是要完成这样一种任务。我在古书里读到这些，就会觉得中国古代有些精神还是了不起的。

许：1994 年您开始写《良心论》，后来又写了《新纲常》，怎么会想到以良心、纲常为题目来展开您对中国社会的理解呢？

何：写《良心论》，一个原因是，我们一谈起道德来，就说这个人有没有良心，良心被狗吃了，这是我们惯用的一个说法。还有一个原因就是，良心到底是自识还是共识？现代潮流更强调良心的自识一面，就是自我认识，不追求共识，但我更强调良心共识的一面。那么能不能够建立一些伦理规范的共识？也就是说，《良心论》是在社会的领域里来讨论个人道德——这意思并不是说，我要成为一个圣人君子，而是我如何和其他的人，和整个社会，处理好一种群体关系。

至于《新纲常》，是在辛亥百年的时候写的，也就是 2011 年，它是对《良心论》的一个补充。最核心的是我觉得不应该完全否定旧纲常。过去哪怕是一些赞同儒家的人，也否定旧纲常，觉得纲常这个词就好像绳索来捆住大家的。其实纲常就是伦理，恰恰是旧纲常维系了两三千年的基本社会道德，而且维持得相当稳固。但是它的内容又肯定不适合现代社会了，所以我是想要抓住一些传统的但还有生命力的核心概念，把它们转化成具有现代意义的内容。

许：这个转化具体是指什么呢？

何：过去的传统，是一种示范伦理，就是说你们居上位的统治阶层，应该给老百姓示范一种良好的道德，"君子之德风，小人之德草"，风往哪边刮，草就往哪边倒。如果这个地方的官员、士大夫做好了榜样，老百姓的教化就没太大问题了。所以在某种意义上中国传统的伦理是分流的，上层是精英道德或者说圣贤道德，下层的就是风俗。

但现代社会不一样。现代社会是走向平等的社会，传统的示范伦理就不够了，应该考虑一种面向全社会所有人的道德。这个时候你不能鼓吹圣贤伦理或者英雄伦理，必须首先保证一种大家都能相处的基本伦理。所以为什么我后来要离开存在主义？如果每个人都想着存在先于本质，我要自由，甚至绝对的自由，那是行不通的，我们还是要自觉地承担一些不妨碍别人自由的约束，也可以说是义务和责任。

所以无论是良心还是纲常，转化的关键就是要从特殊走向普遍，这就是我想做的一件事。为什么后来我提出"底线伦理"？底线伦理就是一种基本伦理，但是是普遍的，而不是只要求少数人的，更不是仅仅要求多数人，少数人例外。它对所有人都是适用的，不管你权力多大、地位多高、名声多大，应该都是同等要求的。当然，权力更大的人，可能还要加上政治的责任伦理，但是不妨碍他必须首先满足作为社会成员的基本伦理。

许：最初提出"底线伦理"这个概念，是在回应一个缺乏共识的社会吗？

何：对对对。当时一些年轻人出现了精神危机，有的年轻人自杀，有的年轻人因为犯罪而被处死，还有的探索人生的意义危机，结果呢，觉得结论是绝望的。所以这个时候就容易不知道走哪条路，很迷茫。

过去的传统社会是有共识的，当然这个共识不是所有人的共识。另外传统社会的道德伦理被整合到一个更大的价值体系之中，比如说儒家追求修身克己、希圣希贤这些道德，虽然这是少数人追求的，但由于官员阶层主要由儒家知识分子担任，所以它可以成为传统社会的指导思想。老百姓只要家里的孩子肯读书，就有可能进入上层，所以也会接受儒家的共识。但是在现代社会，这些主导的价值不存在了，也没有制度载体了，从"打倒孔家店"一直到"批林批孔"，已经否定得很厉害了。在现代社会，平等成为新的共识。但是这个新的共识恰恰产生争议。比如平等很重要的一项就是价值观念的平等，我的价值跟你的价值应该是平等的，我们每个人都有自己所理解的幸福，我们每个人都应该追求自己认为合理的价值，这个价值平等就会带来价值多元。那么在一个价值多元的社会里面怎么寻找共识？你没办法在价值观念上寻求共识，只能在规则上追求共识，不管你追求什么价值，你都有些规则不能破坏，这些规则就是伦理规则。所以底线伦理就是寻求一种共识，平等要求所有人。

许：那您觉得这个理念怎么能够建立起来？

何：有时候正义并不难，不偷不抢，不强暴别人，更不谋财害命，基本上就做到了，就像休谟所说的，大多数人在他没有自觉、没有觉察、没有意识到的时候，他已经是一个正义的人了。

但为什么还是要警惕、要预防？因为我们有时候也可能进入一种很容易破防的境地。比如我只要稍稍欺诈一下就可以得到一大笔利益，这个权位很重，不想要或者没有迫切地想要，都有人送上门来……

还有一点就是，平时我都能遵守正义，但是我突然被人很不公平地损害了，在这个时候我又报复不了他，我可能就报复社会了。张三欠我的钱不还，好像我也有理由，欠李四的钱不还了，有时候是连锁的。这些时候就是破防的时候。所以我们努力争取一个比较好的社会，就是让这些破防的境遇能够对人们发生得越来越少，不至于破，别人欠债不还，有政府、有法律给我做主，我也不用太觉得求告无门。

许：这个问题很有意思，我记得尼布尔写过一本书，《道德的人与不道德的社会》[1]，如果您生活在一个普遍不义的社会里，或者一个溃败的社会里，您想做道德的人，那么个人跟社会的关系怎么处理呢？

何：我认为还是要强调制度伦理的重要性，来自天性的恶，不太容易驱除，但是来自社会的恶，是有可能通过制度的调整、改造而驱逐或至少减轻。当然也不能说所有的罪恶都来自社会，好像个人没责任。对正常人来说，每个人还是自己行为、生活的第一责任人。我是一直主张平衡的，就是说对于先天的、后天的、社会的、自我的，尽量都要考虑到。另外一点，我也不主张轻易站在道德高地上去谴责别人，对他者要有一定的同理心。

许：您怎么看中国社会两种相悖的情绪？一方面好像大家都在喊道德破产，道德衰败，一方面又弥漫着要

---

[1] 雷茵霍尔德·尼布尔（Reinhold Niebuhr，1892—1971）是 20 世纪美国最有影响的基督教哲学家之一、新正统派神学的代表，将基督教伦理广泛运用于社会学和政治学。《道德的人与不道德的社会》是他的代表作之一。书中严格区分了个体道德与社会群体（包括国家的、种族的、经济的社会群体）道德，认为社会群体的道德低于个体道德，集团主义的残酷、理性主义者和社会科学者的无能，都加剧了人类经济和政治斗争带来的悲剧，道德的人在这不道德的社会中能否生存，成了当代人面临的最大问题。

进行道德审判的冲动。

何：这恰恰是一体两面，如果太脱离人性和人道的道德要求，或者政治化的要求，这不是多数人能够履行的，就会造成道德破产或者道德堕落现象，所以要分清楚哪些是基本的要求，哪些是过分的不必要的要求。

许：这种站在道德高地的冲动，是不是也跟一个社会普遍缺乏权力有关系？道德制高点是获得权力的某种机会，我在互联网上审判你，这体现我的优越感。

何：满足自己的优越感，这有可能，好像我通过加入这样一种审判员的行列，就觉得此刻摆脱了某种现实的困境，但这是一种虚幻的快感。如果他的行为很明确是错误的，我们当然可以批评他的行为，但不必去否定他的整个人格。任何审判，可以罪其行，但先不要着急罪其人，尤其在网上，你对这个人其实了解得很少的。

许：在中国转型之际，您做了很多中国伦理制度的构建工作，您现在怎么看待你们这代中国读书人呢？这一代人的经历非常压缩，像您，工农兵都干过，然后突然迎来重新开放的时代，接下来这三四十年又是一个巨变。这一代人会在历史上非常独特吗？

何：如果从比较长的历史时段来看，我觉得我们这一代还是在做过渡时期的工作，很难说开创了一个非常繁荣的时期。一个是我们自身也没有准备好。再一个呢，这个世界还在继续变化之中。它留给我们沉淀、积累、继承和发展的时间并不多。

许：您会偶尔感到遗憾吗——作为一个过渡时期的创作者？

何：也没有特别遗憾，每个人都跳不出自己的时代。我们只能在自己的时代做你尽量能做出的最好的事情。

许：说到这里，我想起来，阿那亚这个地方也很有意思，有点像一个中产阶级社区的实验，在这里有一种新的邻里关系，也可以说是一种新型的伦理关系。比如说大家不好意思乱丢垃圾，然后彼此讲话要更客气一点，有他们的新的纲常。所以说重建伦理，好像是很多不同行业的人，对这个社会的某种期待或是做出努力的一个方式吧。

何：这个很有意思，这是人为规划的一个小社区。

许：对，这里还有个海边图书馆。明天我们去海边走走。

那个未来要消灭你的"人"，
不会去读《沉思录》

许：您休息得好吗？

何：凌晨 4 点钟有个军号把我叫醒了。其他人都没有听到，这个号只对着我一个人吹的，还是我幻听？我都不知道是怎么回事。

许：军队生活缠绕着您。

何：曾经经历过军队生活的人，或许会老想着吹号。

许：昨天的谈话把您的记忆唤醒了一下。您觉得生活方式和思想方式之间的关系到底有多密切？

何：看对什么人，可能对哲学家来说，不明显，甚至没什么关系，比如像笛卡尔，他带着脑子思考就够了，其他就尽量隐居，连信都要通过别人转交给他。

许：那伊壁鸠鲁本人的生活方式是什么样的？

何：伊壁鸠鲁绝对不是一个放荡者。

许：不是一个所谓的享乐主义者。

何：绝对不是，他对快乐的定义是灵魂的无纷扰和身体的无痛苦，很防御式的。他不追求那种纵情的狂欢，一旦狂欢，他觉得马上身体本身就要惩罚他。

许：那苏格拉底呢？

何：苏格拉底，我觉得是这样的，古希腊的四主德是正义、勇敢、节制、智慧，应该说他在四个主德方面都非常突出。他非常节制自己的欲望，虽然别人说这个人大鼻子、厚嘴唇，长得就像是欲望的化身，但他一生节制得非常好。

他也勇敢，最能体现他的勇敢的，不是说他冲锋，而是他断后。打仗失败了，断后的人最危险，他走在最后一个，还救过别人，而他脸上露出的凶狠使追来的敌人不敢靠近，这也够勇敢的。

正义不用说，他不在乎是民主制还是寡头制，他认为正义的事情就去做，所以得罪了很多人。

而他被处死的最重要的原因就是他的智慧，尤其可恨的是德尔斐神谕说他是最有智慧的人，但是他否定，所以他到处去走访各行各业被认为最聪明的人，想找到比自己更聪明的，当然最后还是没找到。这也很得罪人，甚至是最得罪人的——原来我们都被行业里的人视为权威，一下就被你苏格拉底给否了——所以好几拨人联合起来控告他，最后通过完全民主的程序，判决他死刑。

许：智慧多危险。

何：智慧很危险，智慧本身就带来痛苦。苏格拉底说的，你要发现真理的珠贝，你必须克服身体的惯性，克服阻力，尽量深入找到那些藏有珠贝的蚌壳，有多少人愿意做这个事？

许：这四个主德里，哪个是最触动您的？

何：当然希望是比较平衡的，但第一个可能还是节制。节制可以立身。人是一个欲望的动物，只有对某些欲望有所节制，我才能够立身。节制应该是最普遍最起码的德性。但是智慧，普通人可以不具备这个德性；勇敢，比如在斯巴达的城邦里，不要求武士之外的人怎么特别勇敢。

许：苏格拉底说，未经审视的人生不值得一过，为什么自我审视是那么重要呢？

何：人和其他动物不一样的就是，有自我意识，能够自我审视。一方面是为了连贯，最好让你的一生过得比较连贯一致，不是说碎片式的，这时你最好有比较长远的有关价值的一个计划，甚至围绕着它来谋划。

现在我们常常有很多即兴的感受，碎片化的感受，这个时候还是要尽量放慢一些脚步，不完全跟着感受走。有时候适度躺平一下，跳出当世的漩涡，可能能够找到一些更稳定的可依赖的东西。

许：奥勒留就是这么去沉思的，他作为一个皇帝要处理多少事情，一个帝国所有的信息都向他涌来。他每天不断地自我反省，等于是为他自己找到了一个铆钉。

何：是，他经历各种各样的事件，不光是古罗马帝国的边疆不稳，还包括他在任期间发生的瘟疫，基督教的兴起和古罗马也发生尖锐的冲突，这些都很不容易处理的。但是他这样一个处在漩涡中心的人，你在他那里竟然发现了一种宁静。

许：像飓风的风眼一样。那您大概什么年纪慢慢建立起一种宁静？

何：我觉得还是阅历吧，还有思考，包括反省，好多好多遍，磨来磨去，当然还可能有天赋，因为有些人磨一辈子也建立不起来这种宁静。我很喜欢这个词，温和而坚定，这是我比较仰慕的一种性格。孔子就是温和坚定的楷模。温和不意味着是犬奴般的，逆来顺受，看起来外表很温和，但是在一些大是大非的原则上，很坚定。另外，不跳来跳去，包括在思想上、学术上、观点上。有些人是容易跳来跳去的，你不能说他不是真诚的，真诚地跳来跳去。

许：我们很多人都是暴躁而摇摆，外面很暴躁，内在又很摇摆。

何：各人各有天性，你有时候拿自己的天性也没办法，但是暴躁，我觉得还是要有所节制。节制可以说来自对我们的优点和弱点的认识。由于我们的弱点，我们很容易放纵自己，这需要节制。对我们的优点要全神贯注，包括你要做大事，要追求卓越，同样是在节制，我必须全力以赴追求某件事情，其他的欲望就要视而不见。

许：刚刚我们谈到古希腊的四主德，您认为节制是人最起码的德性。您还很喜欢俄罗斯文学，喜欢陀思妥耶夫斯基，那么俄罗斯文学中是什么特别吸引您呢？

何：陀思妥耶夫斯基经过了天堂的憧憬、死屋和地下室的历练，对人性应该说是认识得非常清楚的。他的两问最鲜明地揭示了时代和人性的特征：第一问是，上帝死了，是不是我们什么都可以做？第二问是，人类是否可以在任何社会，或者任何时代，都能大致被划分为多数和少数？

所以说，俄罗斯文学很特别的地方，就是它的忧伤，相当深沉的忧伤。这个忧伤不仅是对他们民族的，也可以说是对人类命运的忧伤，让我们感受人类的痛苦、渴望。这样一种忧伤有时候不容易承受，或者不容易长期地承受，但是它确实把思想拉入一个比较深沉的地方。

许：在您的书写里，也常常能感到您的忧虑，比如对技术时代的忧虑，还是80年代的时候，这部分的忧虑就已经挺多了，这很罕见，因为那个时候社会普遍还处在一个进步主义的潮流中。

何：对，那个时候还处在追赶中，觉得我们要更多、更新、更好、更高端的技术，是完全拥抱技术的。但是人类的精神文明并不是随着物质的增长就增长，比如高新技术带来的危机，它是超前的、很难预料的，等你意识到了，它已经无可挽回了。

许：几十年前，大家仍然觉得忧虑是一个重要的事情，现在好像忧虑变得非常不合时宜，表达忧虑，好像是一个无能的声音或者是一种很边缘的声音，甚至你都不好意思谈论它了。

何：我觉得最好不要跟人谈忧虑，是不是？你干吗让别人觉得不快乐呢？他本来挺快活的。当然你也可以采取另外一种方式，就是愿者上钩，愿意听的人就听，不愿意听的人可以不听，有些话我觉得还是可以说出来。

许：昨天我们说到您年轻时候的绝望，现在年轻人的绝望，好像跟您年轻时候不太一样。

何：不太一样。过去很简单，比如我只要回城我就满足了，哪怕回城去当个工人。但是现在年轻人的绝望是一种弥漫的绝望，不是那种完全看不到前景的绝望。

许：也没有明确的对象，没有那个"敌人"。

何：对。现在这种绝望，软绵绵的，像一张网一样，把你缠住了，你好像很难破网来发现新的空间和世界。

* * *

许：说到对技术时代的忧虑，回想起来，您在 80 年代翻译了很多著作，90 年代对社会伦理进行思考，进入 21 世纪后，您开始渐渐关心环境伦理、生态伦理，这种敏感性是怎么慢慢出现的？

何：21 世纪初，我编过一本书叫《生态伦理：精神资源与哲学基础》，那个时候主要是吸收西方一些最新发展的环境哲学。我觉得这是摆在我们面前的明显的危机，我们的生态破坏越来越严重，所以你必须去思考如何处理人和自然界的关系。

许：我们的感受其实跟西方世界是脱节的，他们大量谈论气候变迁、环境危机，但 21 世纪之初，中国社会有更多更迫切的事情需要去关注，所以大家很少真正去关注整个生态的变化。

何：对，中国是从相当普遍的贫穷状态中出来的，所以优先强调的是经济发展，生态并不置于首要考虑，但是慢慢慢慢在加强，比如水污染的问题，空气污染的问题，土地污染的问题。

许：对生态的这种意识，比如把自然看成被征服者，甚至受害者，还有人跟动物的关系，这些新的维度是不是也对人的自我定义发生很大的冲击？

十三邀 Ⅱ
站在历史的远处

何：对。你非常敏锐地抓到这一点，就是需要重新给人下定义。你看，过去几乎都是强调，人是直立的，人是有自我意识的，有理性的，等等等等，直到现在，人工智能出现，或者将要出现硅基生物，突然一下敏感了，我们是碳基生物，我们有这样的脆弱性，我们有必然一死的命运。

许：您认为人工智能可能全面取代人吗？

何：我觉得有可能，现在在一些专门领域里人工智能已经取代人，但它不是全面的，以后如果人工智能走向通用的话，它好像可以解决好多好多任务，从编程、绘画、作曲到写作，很多很多。

如果它全面超过人类，就有可能替代人类。我们以前老是觉得，机器人就是用在一些蓝领的阶层，最脏最累的活，最枯燥最乏味的活，让它们去干，但现在不是这样，以后失业的不仅仅是蓝领、白领，甚至最高级的金领都会被取代。

许：赫拉利他们就很悲观，98% 的人可能都没用了。

何：他说的还是 98%，如果全面替代人，所有的人都没用了，所有的，100% 都没用了。

许：但人的复杂性真的可能被超越吗？

何：这恰恰是你的误区。很多人有这样的误区，觉得它能替代人的感情吗？它能够有人的那种丰富性、敏感、直觉吗？没有，我也同意没有，不可能，它是硅基生物，我们是碳基生物。包括它也没有我们犯错误的能力，我们会不断犯错误。但是它不需要具备我们这些东西，灵感、直觉，或者爱的能力，它就可以控制我们，它控制我们的身体就够了，它不需要控制我们的灵魂。控制我们的身体，在某种意义上就是控制我们的全部。

许：那为什么不倒过来想呢？因为我们有灵魂，我们也在控制它们。

何：它比我们更有智力，智力就是控物能力。它在这方面比我们更强大，它也许没有智慧，但是它有智力，这就够了。它控制你的身体或者是消灭你的身体就够了，你就不存在了。

许：而且历史上充满这样的时刻，是不是？

何：对，历史上哲学家手无缚鸡之力，大街上一个莽汉都可以把你给揍死。

许：真正变成脆弱的芦苇了。所以我们可能会像恐龙一样消失？

何：很可能。但目前还是在人类的可控范围之内，它没有达到超级通用智能，全面替代人。问题是，我们不太容易意识到这种危险，因为它现在还在作为我们的工具，非常有效地服务于我们。我们不知道这个奇点什么时候发生，它什么时候会突然一下超过人类，不知道。

这是一种途径，还有一种威胁是基因工程的威胁。现在基因编辑技术已经发展到一定程度，像贺建奎做的这种对婴儿胚胎细胞基因进行编辑的手术，其实很多人都可以做，技术上不是很难，但是大家一般来说不去做，有一个禁区，但这个禁区不是很明确，很有可能目前就有人偷偷地在做，只是不宣布。

许：那在这么一个过渡时刻，需要发展出一个新的人跟人工智能之间的伦理关系吗？

何：不太容易，它跟人可能是分道扬镳的。它不是碳基生命，它是硅基生命，你想想，我们的很多美好，我们看重青春，甚至眷恋生命，或者海誓山盟，都是建立在我们的生命肯定会消失这一点上，所以才珍贵，所以才赞美。硅基生命怎么会懂得？这是我的看法，我觉得不太可能。

许：那时候就不用《沉思录》了。

何：不用《沉思录》，那个未来要消灭你的人，根本不会去读《沉思录》，也不会去理解读《沉思录》的人。

许：您会害怕吗？

何：我会有一种深深的困惑，最近几十年智力的成果，发展到如此的地步，这又有点让人害怕了。害怕的意思是，以这样的速度发展下去，人类怎么会有承载得起这么巨大变化的能力？因为人的道德和精神能力不会同步增长。我真的是担心人类飞速发展的控物能力和越来越显得微弱的自控能力的不平衡，我觉得这几乎找不到什么解决的办法，这可能是我近年来最大的困惑。

但如果从个人来说，其实不足为惧，尤其到我这个年龄，不足为惧。《沉思录》它讲的就是这样，一切都会消亡，万古不变，所有的英雄伟人、工业奇迹都要流入忘川，你像一片树叶被卷走了，人类也可能就像一片树叶一样被卷走了。

许：外面突然下雨了，要把我们给冲到海里的感觉。当您想完这些事情，您会想摆脱这种情绪回到日常生活中吗？

何：还是经常需要摆脱，我要回到日常生活中来。思想，就像达·芬奇所说的，它可以在一瞬间从东方到西方，从最宏大的事物到最微小的事物，思想是不受局限的，但是生活是处处受限的，但是我有时候非得回到那个处处受限的真实世界中来。因为在这个限制中我反而感到确定性。作为一个有死的人，当然要思考不朽的东西，但也要思考有死的东西。其实我们接触的大量事实、现象都是有死的。我们目前可能讨论的就是这些现象，我就把它当作本质来看待。只是我们无法否定存在。即使自我消失了，甚至人类消失了，这个世界还存在着是吧？存在还存在着。

许：中年时代您关心一个社会的制度建立、伦理建立，这些跟现实更相关的议题，这些年您在考虑环境伦理、文明的走向这些更大一些的问题，回过头去看的时候，您会觉得从前的问题变得不那么重要了吗？还是说会带来一个新的视角？

何：我想，当你有这样的思想，比如人类也终将灭亡，那就不太执着于一定要在有生之年实现一个什么样的社会。我们最好不要去设想好像有一个非常完美的模型或者形式，这在现实中是不存在的。或者退一万步说，即便有完美的，或者接近完美的，最终也不复存在。但是仍然有一些较好的社会和一些较差的社会。我们当然要努力去争取较好的社会。所以这个时候，我们可以既投入又超脱。就是说如果在你的有生之年争取不到，你也安之若素。你也晓得这就是万事万物的一种存在状态。个人很渺小，甚至人类也依然渺小，这是奥勒留反复提到的，但是这不影响他履行作为一个罗马皇帝和罗马公民的责任。他依然是夙兴夜寐，努力地去处理国务。所以如果在内心达到这样的平衡，我认为会是比较好的。

许：马上就要七十岁了，现在想起来，这些年最开心的时光是哪一段呢？

何：我好像没有特别明显的大悲大喜，不容易一下说出来。反正进入大学之后，就再也不动摇，我肯定就

何怀宏
我们只能在自己的时代尽量做出最好的事情   351

是以学术为志业，没有任何事情能诱惑我动心了，比如90年代的市场大潮之类，都不会让我的心境产生什么波澜了。

许：听着海浪声，我想起来，您说过您喜欢聂鲁达这首诗，"我喜欢你是寂静的，仿佛你消失了一样／你从远处聆听我，我的声音却无法触及你。／好像你的双眼已经飞离远去／如同一个吻，封缄了你的嘴。／如同所有的事物充满了我的灵魂／你从所有的事物中浮现，充满了我的灵魂"[1]。当时那个南极的纪录片[2]有出现这首诗，您记得吧？

何：我记得。那时刚刚离开南极，我们去参观聂鲁达的纪念馆，就在海边。心里有一种很惆怅的感觉，我不可能再回到南极，这个告别是一次永远的告别。

"我喜欢你是寂静的"，第一句话就打动了我，南极是没有人类定居的一块大陆，它就是那么寂静的，不知道躺在那儿多久，是我们去打扰了它。我们离开之后，它仍然寂静地躺在那里，好像我们来也可以，不来也可以。

---

[1] 出自李宗荣所译版本。

[2] 2000 年年末，郑俊琰、何怀宏、葛剑雄、邵滨鸿、周国平、唐师曾等六位学者，参与"极地沉思"项目，叩访南极，拜会企鹅，在乔治王岛考察生活了五十八天，见纪录片《在南极》。

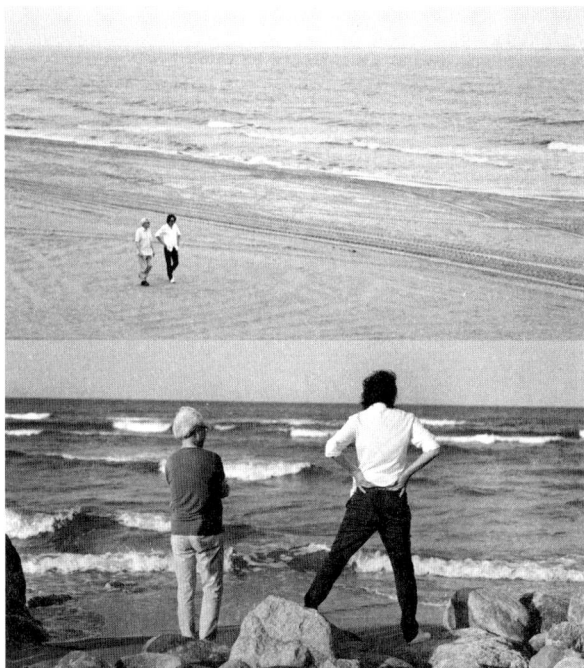

我们送上一个吻希望继续发展，恰好封缄了它的嘴，它再也不能跟我们交流了。这个人和这个地球上最后一块大陆的关系，可能就是你依恋它，它无动于衷的，但是我反而喜欢它的无动于衷。我就喜欢它是寂静的，这个是很怪的一种感情。

许：人类就是喜欢不可能之爱，南极也是不可能之爱。但这个依恋到底是什么呢？一片都是冰的大陆。

何：就好像是一个没有人类之前的世界，甚至还可能是没有人类之后的世界。在南极，你真的会感到这种寂静密密实实地包裹着你，你看到那个大海，不知道再有千里万里才是陆地、才有人类。在那里很容易感到自身的渺小，乃至于人类的渺小。这首诗很好地呼应了我当时的这种心情。

许：我最后再给您读一首热烈的诗吧，这是台湾诗人杨牧在 1980 年代台湾转型的时候写的，我一直很喜欢这首诗。

有人问我公理和正义的问题（节选）

有人问我公理和正义的问题
写在一封缜密工整的信上，从
外县市一小镇寄出，署了

真实姓名和身分证号码
年龄（窗外在下雨，点滴芭蕉叶
和围墙上的碎玻璃），籍贯，职业
（院子里堆积许多枯树枝
一只黑鸟在扑翅）。他显然历经
苦思不得答案，关于这么重要的
一个问题。他是善于思维的，
文字也简洁有力，结构圆融
书法得体（乌云向远天飞）
晨昏练过玄秘塔大字，在小学时代
家住渔港后街拥挤的眷村里
大半时间和母亲在一起；他羞涩
敏感，学了一口台湾"国语"没关系
常常登高瞭望海上的船只
看白云，就这样把皮肤晒黑了
单薄的胸膛里栽培着小小
孤独的心，他这样恳切写道：
早熟脆弱如一颗二十世纪梨

有人问我公理和正义的问题
对着一壶苦茶，我设法去理解
如何以抽象的观念分化他那许多凿凿的

证据，也许我应该先否定他的出发点
攻击他的心态，批评他收集资料
的方法错误，以反证削弱其语气
指他所陈一切这一切无非偏见
不值得有识之士的反驳。我听到
窗外的雨声愈来愈急
水势从屋顶匆匆泻下，灌满房子周围的
阳沟。唉到底甚么是二十世纪梨呀——
他们在海岛的高山地带寻到
相当于华北平原的气候了，肥沃丰隆的
处女地，乃迂回引进一种乡愁慰藉的
种子埋下，发芽，长高
开花结成这果，这名不见经传的水果
可怜悯的形状，色泽，和气味
营养价值不明，除了
维他命C，甚至完全不象征什么
除了一颗犹豫的属于他自己的心